믿을 수 없게
시끄럽고
참을 수 없게
억지스러운

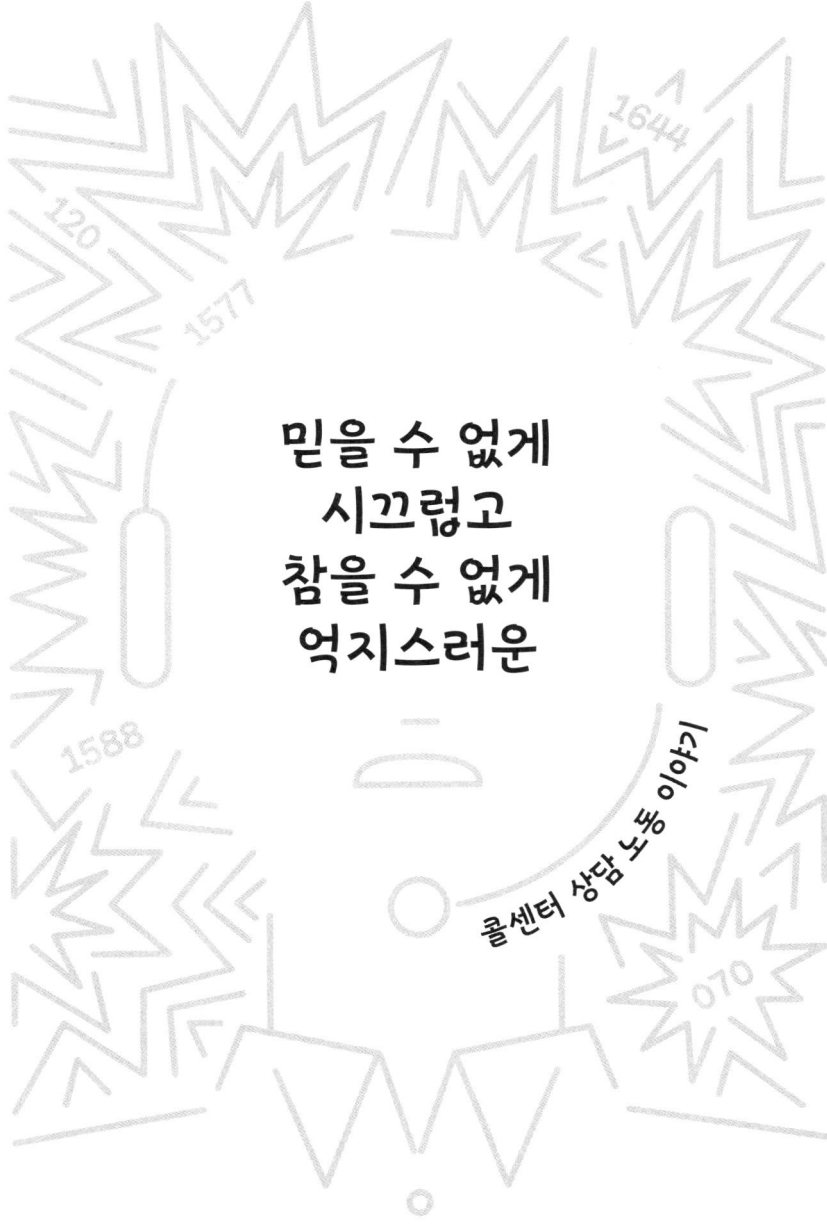

믿을 수 없게
시끄럽고
참을 수 없게
억지스러운

콜센터 상담 이야기

콜센터상담원 지음

코난북스

서문
전화기 너머에
사람이 있어요

'콜센터 상담원'이 된 과정을 몇 가지로 나누어 설명하면 이 책이 어떻게 시작되었는지 그리고 어떤 내용을 담고 있는지 이해하기가 쉬울 것 같다. 그 이야기를 차례대로 해보려 한다.

콜센터 상담원

먼저 내가 콜센터에서 일하게 된 것부터 이야기를 해볼까 한다. 대학에 다니던 시절, 여느 대학생들처럼 나 또한 아르바이트를 해야 했다. 구인구직 사이트를 열심히 뒤졌다. 그러다 월급을 많이 주면서 상여금이 어쩌고 복지가 어쩌고

죽 적혀 있고 단기로 일할 직원도 환영한다는, 산만하게 화려한 야간직 구인 공고를 보았다. 콜센터라고 했다.

그때까지는 콜센터는 물론이고 사회 경험이 그리 많지 않아서 그런 구인 공고의 허와 실을 읽어낼 능력은 없었다. 급여와 복지 조건을 버젓이 적었으니 거짓말은 안 하겠지, 그리고 거기 적힌 정도의 조건이라면, 그런 정도 회사라면, 그런 일자리라면, 알바치고는 썩 괜찮은 거 아닌가 하고 생각했다.

지원서를 보냈더니 바로 다음 날 콜센터에서 단체 면접이 있다고 연락이 왔다. 가서 보니 대여섯 명이 모인 어색한 자리였다. 미팅에서나 나눌 법한 질문과 대답을 조금 다듬은 정도랄까, 그런 대화가 오간 것으로 기억한다. 나도 그냥저냥 듣기 나쁘지 않은 대답을 골라서 한 기억이 난다.

그러고서 집에 돌아오는 길에 회오리감자를 사 먹고 있는데 채용하기로 결정되었다는 문자가 왔다. 음… 채용이라는 게 이런 식이어도 괜찮나? 이런 식으로 채용하는 곳에 가도 괜찮나? 후일에는 생각도 하지 않게 될 고민을 회오리감자를 먹으면서 아주 잠깐 했던 것도 기억이 난다. 그렇게 콜센터에 입사했다.

한 달 만에 그럭저럭 실적이 잘 나왔다. 인센티브를 꽤 탔다. 그러나 통장에 찍힌 돈은 내가 봤던 공고에 적힌 급여에 비하면 아쉬운 금액이었다. 그마저도 사이버머니처럼, 손에 한번 쥐어보지도 못한 채로 학비와 공과금 따위로 죽죽 빠져나갔지만. 돈이 드나드는 걸 구경하는 기분이란.

한 달쯤 일해보니 콜센터 일이 적성에 맞는 것 같기는 한데…. 그래도 애초에 공고를 보고 기대한 것보다는 돈이 좀 적은 것 같은데…. 이런 생각으로 이 일을 곧 그만두는 게 좋을지 아니면 좀 더 해보고 결정하는 게 괜찮을지 고민을 거듭했다. 월급 수령일마다 거의 매번 생각했다. 월급 수령일이 몇 번 지나갈 만큼 일한 기간이 늘었고, 고민이 들 때면 이미 친해진 회사 동료들 얼굴이 떠올랐다. 이들과 퇴근 후에 함께 떡볶이를 먹거나 술 한잔하는 재미를 놓치기가 싫다는 아주 단순한 이유로 퇴사를 보류하고 보류했다.

그리고 그렇게 몇 년을 콜센터에서 일했다. 그러는 동안 차츰 승진도 했고, 회사가 마음에 안 들고 친한 사람들이 다 떠났다는 이유로 홀연히 퇴사를 하기도 했다. 그러다 다시 돌아오고. 그렇게 또 몇 년을 여러 콜센터에서 일했다. 학생일 때 잠시 하려던 상담원 알바는 어느새 내 명함에 오래도록 찍힌 직업으로 남았다.

'콜센터 상담원'

두 번째, '콜센터상담원'이라는 트위터 계정을 어떻게 시작하게 되었는가에 대한 이야기를 해야겠다. 처음 계정을 파서 트위터를 시작한 건 아마 이직을 고려하던 무렵으로 기억한다. 그동안 콜센터 근무 경력이 점차 쌓이고 때로는 관리자, 때로는 상담사로 자리를 오갔다. 그러느라 콜센터 일에 대한 심적 피로도가 정점을 찍고 있었다. 이제는 정말 그만둬야 하나 생각했다.

출근하면 일을 하면서 친한 언니들과 메신저로 실시간 대화를 나누곤 했다. 그게 피곤한 회사 생활의 유일한 낙이라면 낙이었다. 그런데 마침 그 무렵 친한 언니들이 퇴사했거나 육아휴직 등을 이유로 전부 자리를 비운 상태였다. 같이 일할 때는 사내 메신저를 이용하면 됐는데 카톡으로 따로 대화하자니 한계가 있었고, 같은 경험을 공유하고 있다고는 해도 이제는 일에서 떠나 콜을 받고 있지 않은 언니들과 고민을 나누기도 부담스러운 노릇이었다.

센터에서 좀 덜 친한 이들과 더 친해지는 방법도 있었을 것이다. 그러나 당시에는 내가 관리자 자리에 있었기 때문에 상담원들 쪽에서 나에게 마음을 터놓고 자기 이야기를 하기는 쉽지 않았을 것이다. 상담원들만큼은 아니어도 나 역시 콜을 받고는 있었으니 고객 때문에, 판매 업체 때문에 수시로 터지는 스트레스는 서로 공유할 법도 했지만 그렇게 친하지도 않은 관리자와 허심탄회하게 이야기하는 게 상담원들로서는 쉽지 않았을 테고 나 역시 그런 이들에게 마음을 열어 보이기가 어려웠다.

그래도 탈출구, 피난처는 필요했다. 대화 상대가 없다면 혼자서라도 하고 싶은 말을 신나게 할 수 있는 곳, 트위터가 딱 좋아 보였다. 각자 자기 하고 싶은 말만 한다는 점에서 매력적으로 보였다. 그리고 카톡과는 달리 다른 이들의 말에 내가 반응할 생각이 없으면 안 해도 된다는 점에서 보는 사람에게 부담을 줄 일도 별로 없어 보였다. 이거구나 하고 트위터 계정을 만들었다.

그런데 만들자마자 또 새로운 고민을 하게 되었다. 상담원으로서 가지게 되는 푸념은 대개 회사나 고객에 대한 것이다. 이러한 이야기는 당사자가 자기 이야기임을 알 정도로 상세하게 해서는 안 된다. 고객의 개인정보와 상세한 상담 이력은 보호되어야 한다. 회사에 대한 이야기도 회사 뒷말을 한다고 회사에서 알아도 나를 고소하지 않을 만큼이어야 한다.

그래서 고객과의 상담 내용은 같은 골자일지라도 상품을 바꾸거나 고객의 문의 사항 중 몇가지 내용을 가공해서 트위터에 올렸다. 그리고 가장 중요한 부분인데, 너무 특이한 고객이나 상담 내용은 차라리 언급하지 않았다.

혹시라도 트위터를 하는 고객 자신 혹은 지인이 "이거 내 얘기네!" "야 누가 네 얘길 트위터에 올렸더라?" 하지 않아야 했다. 그래서 콜센터 상담원 계정에 올린 이야기는 황당한 고객 상담 사례이면서도 "그래, 이런 사람이 꽤 있지. 이 사람 말고도 이런 사람이 있지" 할 만한 이야기로 바뀐 것이었다. 실제로 그런 방식은 안전하고 효과적이었다. 나뿐만 아니라 트위터에는 상담원 계정이 꽤 여럿 있는데 나와 비슷한 방법으로 마음에 묻어둔 이야기들이 트위터에 올라왔다.

전화기 너머의 사람들

직업으로서 콜센터 상담원, 트위터 계정으로서 콜센터 상담원 이야기를 했으니 여기서 또 다른 시작에 대해 설명할 필요가 있을 것 같다. 바로 이 책의 시작이다. 출판사 담당자님이 책을 내자고 먼저 제안을 해왔고 내가 그에 기꺼이 응했기에 책이 시작되었다.

종종 콜센터가 뉴스에 등장한다. 격앙된 음성으로 부하 직원을 모욕하면서 실적을 압박하는 상사의 목소리, 상담사들을 괴롭히는 고객들의 폭언과 성희롱, 직장 내 괴롭힘이나 갑질 같은 문제로 콜센터가 뉴스에 등장한다. 물론 그런 일들이 일어난다.

나는 그보다는 콜센터라는 곳, 고객 상담이라는 직업, 상담사라는 사람들 자체에 대해 이야기하고 싶었다. 얼마나 심한 진상이 있는지 까발리는 게 아니라 '전화기 너머의 사람들'에 대해서 말하고 싶었다. 당신이 당신과는 거리가 있는 사회 문제를 알게 되는 것이 아니라 당신이 종종 전화를 걸고 받는 그 전화의 상대방을 떠올리기를 바랐다.

막상 책을 쓰면서 어떤 방식으로 글을 써야 하는지 고민해야 했다. 크게 보았을 때 콜센터 상담원 이야기라 해도 결국은 고객 상담과 상담사 개인의 경험일 수밖에 없다. 그러니 고객 상담에 대해서는 트위터에서 그렇게 해왔듯 상담 내용을 편집해 고객의 상담 이력을 보호하는 것을 원칙으로 했다. 덧붙여 정말 독특해서 세상에 단 하나뿐일지도 모르는 고객, 콜센터 사이에서 공유가 될 정도로 이름 높은 블랙리스트 고객, 이렇게 어떤 식으로든 누군지 특정할 수 있는 이야기는 쓰지 않기로 했다.

내 경험뿐 아니라 다른 상담사들의 경험도 책에 등장한다. 모두 아직 연락이 되는 나의 지인, 친구, 동료 들이다. 글을 쓰기 전에 그들에게 각각 연락해 그들의 이야기를 책에 써도 될지 물어 허락을 받았다. 좀 불편할 것 같다고 말한 사람의 이야기는 당연히 글로 옮기지 않았다. 글을 쓸 때는 글의 주인공이 누구인지 식별할 수 없게끔 이름을 바꾸고 상세한 부분을 조금씩 바꾸었다. 글이 완성된 후에는 각각에게 그 글을 보내 이렇게 작성해도 괜찮을지 물어보았고, 허락을 얻은 글만을 여기에 모았다. 내가 지켜본 것을 기술했을지라도 각자의 경험인 이상 글로 옮겨도 되는지 여부와 어떻게 옮기면 되는지 하는 문제는 당사자가 결정해야 했다. 감사하게도 많은 상담사가 이 부분에 적극적으로 도움을 주었다. 이 책의 시작에는 그러니까 나 말고도 여럿의 상담사들이 있다. 이 책이 나오고 나서도 그들과 함께 있겠지만.

콜센터 상담원 / 콜센터 상담사

마지막으로 상담원과 상담사, 둘 중 무엇으로 글을 시작하느냐 하는 고민이 있었다. 요즘은 상담사라는 말이 더 익숙하고 상담사가 바른 말로 자리잡은 것 같다. 간호원이라고 안 부르고 간호사라고 부르듯이. 말하자면 상담사라는 호칭에는 타인의 입장에서 '상담사님' 하고 높여 부르는 느낌이 있다.

트위터 계정을 처음 시작할 때는 의도적으로 '상담원'이라는 호칭을 썼다. 특별한 이유가 있어서라기보다는 상담원들이 스스로를 부르는 표현으로 가장 많이 사용되는 건 역시 '상담원' 쪽이기 때문이다.

자칭 상담원 그리고 상대를 높이는 상담사. 생각해보니 이런 혼동은 이 책에 담긴 내용과도 어느 정도 들어맞는 것 같다. 같은 일하는 사람들을 조금이라도 높여 불러주고 싶은 마음. 이 일이 그렇게 하찮지만은 않다고 말하고 싶은 것. 이 두 가지가 섞인 상태로, 딱 그런 마음으로 이 책이 시작되었다.

차례

서문 | 전화기 너머에 사람이 있어요   5

1부

당신이 콜센터에 면접을 보러 간다면   19

우리는 거기 직원이 아닙니다   29

누구에게나 처음은 있잖아요   35

전화를 먼저 끊은 죄   44

헤드셋의 한계   51

1을 손해 보고 100을 달라는 당신에게   61

친절하지 않은 미연 씨   73

젊은 꼰대에게는 AI를 권합니다   80

하루 8시간 3개월 이상 버틴 상담사의 1년   87

2부

봄, 선물의 시절 **99**

코로나와 수해가 만든 택배 대혼란의 시대 **109**

여름, 에어컨을 제때 받고 싶다면 **118**

당신의 주소는 실존합니까 **125**

가을, 미리 사세요. 직접 사세요, 제발 **133**

끼인 존재, 상담사 **140**

겨울, 따뜻하지 못해 죄송합니다 **151**

상담사를 고발하고 싶은 당신에게 **160**

3부

혜지 씨가 텔레마케팅을 그만둔 이유 **171**

대출을 팝니다 **181**

당신의 정보를 수집해야 인센티브를 받는답니다 **188**

'연차를 사용해줄 수 없습니다' **196**

상여금 200퍼센트의 진실 **203**

임신한 소희를 위한 배려 **213**

코로나 시대, 위기의 상담사 **221**

선영이가 다시 콜센터로 돌아온 이유 **232**

당신이 콜센터에
면접을 보러 간다면

당신이 콜센터에 면접을 보러 가는 사람이라고 생각을 해보자. 카톡으로 전달 받은 주소를 지도에서 검색해보니 사무실은 누가 봐도 회사가 가득한 비즈니스 거리에 자리하고 있다. 그런데 그중에서 접근성은 좀 미묘한 곳이다. 더 정확히 말하자면 비즈니스 거리이기는 한데 비교적 외곽에 위치한, 적당한 고층 건물이다.

건물에 도착해 옷매무새도 다듬을 겸 화장실부터 들른다. 화장실이 더럽지는 않네 생각했다면 비교적 둔하거나 긍정적인 사람일 것이다. 청결도는 썩 나쁘지 않더라도 휴지가 없다거나 액체비누가 다 떨어진 모습이 눈에 들어온다. "여기 사무실은 하여간 유별나." 마침 등장한 청소부가 툴툴거

리며 이 칸 저 칸을 들락거린다.

사무실 앞에 도착하니 안쪽에서 담당자라는 사람이 나와서 안내한다. 사무실은 밖에서 지문을 찍어야 문이 열리는 구조다. 콜센터라는 곳 자체가 고객의 개인정보를 대량으로 보관하고 있고 이를 전산으로 조회하고 수정하는 것이 가능한 공간이라 보안은 필수다…, 그런 설명을 해주면 좋겠지만 아마 담당자는 별다른 설명을 해주지 않을 것이다. 면접을 1년에 몇 번씩 보는데 그때마다 일일이 그런 설명을 해주기를 기대하기는 어렵다. 이 정도나마 말해주면 나름 섬세하게 배려하는 타입이다.

"지문 찍으셔야 문이 열리고요. 퇴근 시간 체크도 이걸로 하니까 갈 때도 찍으시는 거예요."

사무실로 들어선다. 사무실은 좋게 말하면 바빠 보이고 나쁘게 말하면 시끄럽다. 콜센터가 처음이라면 그저 수십 명이 동시에 화면을 보면서 통화를 하는 웅성거리는 소리로만 들리겠지만, 당신이 신입이 아니라 콜센터에서 근무한 경험이 있다면 이 시점에서 단 몇 가지 소리만 체크해도 여기가 일할 만한 곳인지 아니면 기피 대상에 올려야 할 곳인지 판별이 가능하다.

거의 모든 자리에서 상담사들이 쉬지 않고 응대에 적당

하다고 알려진 도레미파솔 중 솔 톤으로 전화를 받고 있는 것이 보이는가? 그렇다면 우선 이곳은 몹시 바쁜 곳이다.

그런데 정말 콜이 많아서 바쁠 수도 있고, 다른 이유가 있어 바쁜 것일 수도 있다. 이럴 때는 상담사들 모니터에 띄워진 전산 프로그램이 재깍재깍 반응하는가, 아니면 내일모레쯤 화면이 바뀔 것처럼 로딩만 계속하고 있는가 살펴보는 것도 방법이다. 물론 상담사의 모니터가 전혀 보이지 않을 수도 있다. 그럴 때는 상담사들이 통화하는 소리로 판단할 수 있다.

"잠시만 기다려주시겠습니까?"

이 소리가 얼마나 자주 나오는지 들어보면 된다. 상담사가 타이핑이 느리거나 전산 다루는 것이 익숙하지 않을 때 이런 멘트를 쓰기도 하지만 타이핑이 빠른 사람도 있고 전산 다루는 것도 그리 어려운 게 아니니 이 멘트는 자주 나오는 말은 아니다. 그럼에도 상담석 곳곳에서 거름망에 부은 물처럼 이 '대기 양해 멘트'가 쏟아져 나오고 있다면? 그렇다면 십중팔구 누구도 어떻게 구원할 수 없는 구형 전산 탓에 상담사들이 고객들에게 양해를 구하고 있는 중이다.

이렇게 자신의 의지나 업무 능력과는 상관없이 시간이 늦어지고 있는 데 대해 고객에게 양해를 구하며 진땀을 빼는 상담사들 뒤에서 호통을 치고 있는 이가 보일지도 모르겠다.

"콜 빨리빨리 받읍시다!"

이런 멘트를 날리는 사람이라면 팀 관리자보다는 그 콜센터에서 가장 높은 사람, 즉 센터장일 가능성이 크다. 주간팀, 야간팀을 따로 두고 24시간 돌리는 센터라면 센터장 밑에서 주간팀, 야간팀을 각각 도맡아 관리하는 주간·야간 대표실장으로 생각해도 좋다.

분명 아무도 쉬지 않고 일하고 있는데, 엄청나게 바쁘게 돌아가고 있는 게 눈에 보이는데 저렇게 소리를 지른다면 그로서는 상담사들을 어떻게든 더 갈아 넣어서 문제를 해결해 보려고 각고의 노력을 하고 있는 중일 것이다(물론 그렇기 때문에 센터 내에서는 공공의 적이라고 할 수 있다).

그리고 그가 해결하려는 문제는 '콜 포기율'일 가능성이 높다. 통화를 기다리다가 포기하고 전화를 끊어버리는 고객들 비율을 가리키는 말이다. 이 '콜 포기율'이 조금이라도 높아지면, 다른 표현으로 고객이 전화를 걸어 상담사와 연결되는 '응답률'이 조금이라도 낮아지면 본사에서 큰 호통을 듣는다(이 책에서 말하는 '본사'는 콜센터에 도급으로 일을 준 ○○홈쇼핑이나 ○○커머스 같은 원청 회사를 가리킨다). 고객의 전화를 받아 문제를 상담하고 해결하는 게 콜센터가 존재하는 이유이니, 애시당초 콜센터에서 이 수치가 절대 낮아서는 안 되는 것이기 때문이다.

　콜센터 업무가 처음인 신입이라면 사무실에서 소리소리 지르는 저 사람을 보고 '앗 깜짝이야!' 하는 반응으로 끝날 가능성이 크다. 경력자라면 이 사람의 존재, 목소리 톤, 노호성의 빈도 등으로 면접을 치르기도 전에 이미 이 콜센터의 업무 강도를 파악했을 것이다.

　그렇게 사무실 스캔을 마칠 즈음, 순번에 따라 서너 명 또는 대여섯 명씩 면접 장소로 정해진 방에 들어가 나란히 앉아 기다리고 있으면 면접관이 등장한다. 면접관은 관리자 중에서 적당한 한 명이 들어간다. 본래 센터장이 들어와야 하지만 센터장이 어디 회의라도 들어가 있거나 콜 포기율뿐 아니라 이런저런 이유로 노호성을 지르기에 바쁘다면 다른 사람을 면접관으로 들여보내는 일이 더 흔하다. 각 팀 팀장 중 하나가 들어가는 경우도 있고 그보다는 직급이 높은 교육팀 강사나 센터장, 주·야간실장이 등장하는 경우가 더 많다. 우리 회사라면 이 면접자들이 만나는 사람은 높은 확률로 나일 것이다.

　면접관이 당일에 즉흥적으로 결정되는 일도 흔하니 이력서를 면접 자리에서 처음 읽게 되는 경우도 많다. 물론 콜센터가 워낙 바쁜 곳이어서 그렇기도 하다. 가장 큰 이유는 콜센터는 상담원을 직접 고용하는 것이 아니라 아웃소싱하는 형태라는 점이다(이건 다음 글에서 따로 이야기하겠다).

아무튼 면접 과정을 거쳐 출근하라는 통보를 받고 나면 콜센터에 대한 이런저런 배경을 아는 사람과 모르는 사람이 함께 채용되어 한 달 조금 안 되는 시간 동안 교육을 거친다. 그보다 짧게 교육하는 곳이 더 많기는 하다. 교육 기간 동안에는 정규 급여의 일부만 지급되고 이 역시도 교육 과정을 전부 수료한 경우에만 지급한다.

같은 날 면접을 본 합격자끼리 동기라고 친해지는 것도 이때부터다. 대부분 나이나 결혼 여부, 자녀 유무 등에 따라 이야기가 통하는 수준이 다르다 보니 그런 조건이 비슷한 사람끼리 쉽게 친해지기는 한다. 그래도 의외로 성격이 맞아서 중년 여성과 사회초년생 청년이 매일 같이 밥도 먹고 세상 사는 이야기도 하면서 즐겁게 지내기도 하고, 안 해본 스타일이 없어 보이는 공작새 같은 여성과 수수하고 조용한 학원 선생님 스타일 여성이 친하게 지내기도 해서, 보는 사람 입장에서는 참 재미있는 일이다.

세상에는 온갖 사람이 다 있기 마련이고 대부분 나와 같은 점 다른 점을 적당히 지니고 있을 테니 어울리자고 하면

못 어울릴 사람이 어디 있겠는가. 그러나 당신이 그저 혼자 있기를 원하는 사람이라면 이렇게 다들 어울려 지낸다니 겁이 날 법도 하다.

그런데 역시 사람 사는 게 다 엇비슷하고 또 다 다르다는 전제가 있어서인지 그런 사람도 잘 어울리지 못한다고 특별히 입에 올리지 않는 곳 또한 콜센터다. 워낙 여러 사람이 드나드니 어떤 스타일인지 간파하고 어떻게 대해야 할지 답이 빨리 나오는 곳이 콜센터이기도 하다.

간혹 분위기를 주도하는 사람 중에 그런 고독파 인간을 이해하지 못하고 무리에 억지로 끌어들이려 하거나 반대로 잘 어울리지 못한다면서 따돌리려 하는 경우도 있는데, 내가 겪은 바로 대개 이런 사람들이야말로 시간이 지나면 그 자신이 소외의 대상이 되는 시기에 도달하고 만다는 건 참 신기한 일이다.

지나치게 불친절하게 통화하거나, 타이핑이 너무 느리거나, 반복해서 알려준 업무 체계를 심각한 정도로 이해를 못하거나 하지만 않는다면 교육의 마지막 시험까지 통과하고 업무에 투입될 것이다.

본격적인 일을 시작하기에 앞서 대부분은 한동안 신입을 관리하는 OJT팀에 들어가서 근무한다. 그런 후에 각자 원하는 시간대에 일하는 팀에 지원하고, 공석이 있으면 그 팀에 투입되는 방식으로 일하게 된다. 교육 기간이 길면 OJT팀 근무를 생략하기도 하고, 전에 콜센터에서 일한 경력이 있어 이곳 콜센터 업무의 특성을 파악하고 잘 적응한다 싶으면 바로 정규팀에 들어가는 경우도 있다.

팀이 정해지면 어떤 경우든 팀에서는 신입이니 자리는 팀장, 파트장 가까운 곳으로 배치된다. 팀장, 파트장 옆에는 통상 부팀장, 선임으로 부르는 팀의 두 번째 관리자가 앉아 있는데 '신입'들은 이 근처에 포진한다. 관리자급의 사정이 여의치 않으면 기존 사원들 중에 응대가 좋은 사람들 옆에 앉혀서 그 통화를 한두 시간 실시간 청취하게 하는 '동석' 교육 과정을 거치기도 한다. 신입 동석 교육은 신입을 싸움닭으로 만들겠다는 불타는 열의가 있는 한두 명이 아니고서는 대체로 원하지 않는 일이다.

이런 자리 배치는 나름 이유가 있다. 팀장, 파트장, 부팀장, 선임…. 이런 '관리자'들은 모든 콜의 녹취를 들을 수 있다. 그런데 콜을 듣는 건 통화가 끝나고 시간이 지나 녹음파일이 전산에 자동 업로드된 후에야 가능하다. 콜이 끝나고 들을 수 있으니 콜을 받는 동안 신입이 무슨 말을 어떻게 하는지, 정확하게는 어떤 실수를 하는지 놓치는 경우가 생긴다. 사고를 치거나 실언을 하기 딱 좋은 신입들이 실시간으로 실수하는 것을 막으려면 통화 내용도 직접 실시간으로 들을 수 있는 자리 배치가 요긴하다.

그러니 신입들이 들어오면 관리자들은 관리자들대로 한껏 예민한 상태를 유지한다. 평소에도 관리자들은 눈으로는 모니터에 쉴 새 없이 동동 뜨는 상급 관리자의 지시, 팀원들의 각종 문의와 요청 쪽지들을 확인하면서 손으로 메시지에 답해야 한다. 거기에 신입이 옆에 있다면 귀는 또 신입들 목소리에 열어두어야 하는 것이다.

관리자들 자리를 보면 모니터를 두 대 쓰는 경우가 많은데 그것도 같은 이유다. 자기 업무 보면서, 상담사들의 문의와 요청 건을 처리하면서, 필요하다면 팀원의 통화 내용을 파악하는 일을 동시에 처리해야 한다. 그러나 세상 아무리 큰 모니터라도 그 요청 사항을 다 띄우는 것조차 어려울 만큼 많은 요청 사항이 날아든다.

내가 관리자가 된 첫날, 쏟아지는 쪽지 문의, 또 다른 쪽에서 내려오는 지시, 녹취 확인 건, 느려터진 전산 처리에 머리가 터질 것만 같았다. 그 혼란 속에서 "죽고 싶다"고 친구에게 메시지를 써서 보낸다는 게 그만 직속 상사한테 전송을 해버렸고, 답장은 오지 않았다.

공교롭게도 그로부터 몇 달 후, 입사한 지 얼마 안 된 신입이 보낸 쪽지가 나에게 도착했다.

"힘들어 죽겠어ㅠ"

자기 동기에게 보내려던 것을 잘못 보냈다고 했다. 뭐든 시작하는 입장에서는 다 쉽지 않은 법이구나, 새삼 그렇게 생각하게 되었다. 힘들어 죽겠다는 말조차 실수로 팀장에게 보낼 정도로 정말 힘들어 죽겠나 보다, 그렇게 생각하는 수밖에.

우리는 거기 직원이 아닙니다

당신이 구인 공고를 보고 콜센터에 취업하고자 했다면 그 구인 공고를 낸 곳, 그래서 당신이 이력서를 보낸 곳, 이력서를 보고 나서 카톡으로 면접 장소를 알려준 곳이 다 아웃소싱 회사, 즉 ○○홈쇼핑과 계약을 맺고 콜센터 일을 대행하는 도급사다. 도급사에서는 이력서를 받고서 극단적으로 결격 사유가 있는 경우가 아니라면 거의 거르지 않은 채 모든 이력서를 콜센터 사무실에 넘긴다.

이렇게 넘어온 서류를 미리 읽어보고 면접을 준비하는 면접관이 있는 준수한 콜센터도 있기는 할 것이다. 스태플러로 한 번 쿡 찍어 정리한 서류를 면접 당일에, 면접을 하면서 훌훌 읽으면서 면접자와 눈 한두 번 마주치고 대화를 끝내는 담당자도 있다.

이럴 거면 굳이 왜 면접이라는 과정을 거치나 의아할 정도로 면접 과정이 열악하다고 생각하겠지만 차라리 단순해서 편한 것이 있다. 실은 이건 콜센터 면접의 특징이라기보다는 기간제 노동자의 일반적인 특징이라고 받아들이면 편하다.

본사에서 콜센터를 관리하는 방식은 몇 가지가 있다. 가령 ○○홈쇼핑 회사가 도급사 세 군데와 계약을 하고, 지역별로 콜센터를 하나씩 두는 방식이 있다. 각기 다른 지역에 있는 세 콜센터는 같은 본사의 같은 일을 한다. 그러니 본사에서는 각 콜센터의 실적에 따라 분기별로 순위를 매기고 이 순위가 낮은 도급사에는 신입 고용과 관리자 임금 인상 등에 제한을 둔다. 콜센터끼리 경쟁이 벌어질 수밖에 없다. 그러니 센터장 같은 관리자들이 소리를 지르며 상담사들을 다그칠 수밖에 없다.

아예 한 센터에 여러 도급사를 두는 경우도 있다. 그러니까 한 건물, 한 사무실에 각기 다른 여러 도급사에 속한 상담사들이 함께 일하는 것이다. 이런 곳은 대개 중간관리자인 파트장, 각 팀 팀장까지는 전부 도급사 소속이고, 센터장 정도의 위치만 본사 소속인 사람이 관리한다. 같은 사무실에서, 똑같은 본사의 일을 하는 상담사라도 어느 도급사 소속이냐에 따라 기본급도 인센티브 조건도 다르다. 실적이나 통화 품질 등을 두고 도급사 간에 경쟁이 벌어진다. 주로 도급사별로 한 팀을 만들어서 팀별로 경쟁을 시킨다. 이 경쟁에서 뒤처지면 마찬가지로 신입 고용이나 관리자 임금 등에서 불이익을 받는다.

팀별로 운영 인원을 얼마나 둘지 하는 제한 같은 것은 본사에서 지시하는 경우가 많다. 그렇게 정원이 결정되면 도급사에서는 결원이 생겨 충원할 필요가 생길 때마다 자체적으로 사람을 뽑는다. 이 사람을 고용할지 말지, 센터 내부에서 해결 가능한 수준의 인사 처리를 할지 말지는 모두 도급사 소속의 콜센터 내부에서 결정한다. 그래서 주로 도급사 소속의 콜센터 사무실, 즉 콜을 받는 현장에서 면접을 보게 되는 것이다.

콜센터 도급사라 하더라도 소속된 회사에서 정규직으로 계약을 하고 일하면 다행이다. 정규직이라면 무엇보다 기간에 상관없이 고용을 유지할 수 있다는 안정성이 생기니 말이다. 그러나 노동 환경이 그리 좋지 않은 회사일수록 1년 계약을 기준으로 하는 파견직을 선호한다. 1년을 채울 경우 퇴직금을 비롯해서 각종 비용이 발생한다고 해서 1년에서 겨우

며칠 모자라게 11개월 20일, 이런 식으로 계약하는 곳도 흔하다.

1년짜리 혹은 그 이상의 기간으로 근로계약을 했다고 해서 그나마 나은 것도 아니다. 관리자 눈 밖에 나면 괴롭혀서 1년 안에 그만두게 할 자신도 있을 것이고, 정 안 되면 업무상의 구실을 붙여 권고사직을 시켜버릴 수도 있다. 혹시라도 그렇게 해서 떨궈지지 않는 근성 있는 사원이 존재한다면 1년 근무 후 근무평가를 낮게 매겨 계약 연장을 안 하면 그만인 게 1년 계약 파견직이다.

물론 파견직이라고 꼭 근무 환경이 나쁘다고만은 할 수 없다. 직속 관리자를 잘 만나고 상담사 일과 자기 성향이 잘 맞아 업무를 하는 데 큰 불편이 없는 사람도 있다. 그중에는 계약 연장을 반복해 '고인 물'이 되었다가 나중에는 '썩은 물'이라고 불릴 정도가 되면 관리자급으로 옮기는 경우도 있다.

그게 아니라면 어떤 이유에서인지는 몰라도 회사에서 해고할 생각이 없고, 자신도 딱히 퇴사할 생각이 없어 사무실을 오래도록 지키는 장승 같은 존재가 되기도 한다. 그리고 이 정도로 한군데서 오래 버티는 사람이면 콜센터가 아니라 어디를 가더라도 그만큼은 버티는 사람일 것이다.

○○홈쇼핑 콜센터에 일하는 사람들은 대부분 홈쇼핑

회사에 직고용된 형태가 아니라 도급사와 근로계약을 맺고 일한다고 했다. 그러니 상담사들은 여러 이유로 이 회사 담당 콜센터에서 저 회사 콜센터로 근무처가 바뀔 수도 있다. 또 앞서 말했듯이 도급사의 정규직 노동자인 경우보다 1년짜리 혹은 그보다 짧은 단기계약을 맺는 비정규직 노동자인 경우가 더 많다. 그만큼 불안정한 일자리가 콜센터, 상담사라는 일이다.

얼마 전부터 국민건강보험공단 전화 상담 업무를 하는 노동자들이 파업을 벌이고 있다. 건강보험 관련해서 무언가 묻고 따질 일은 얼마나 많겠는가. 그래서 공단에서는 11개 민간 업체와 위탁 계약해 여기 속한 상담사들에게 전화 상담 업무를 맡기고 있다. 이 콜센터 상담사들 중 일부가 공단이 직접 노동자들을 정규직으로 고용하라고 주장하며 파업을 벌이고 있는 것이다.

그러자 찬반 논쟁이 뜨겁게 일었다. 상담사들의 직고용을 반대하는 입장에서는 국민건강보험공단은 청년들이 선망하는 직장이라 치열한 경쟁을 거쳐 입사하는 곳인데, 건강보험 상담 일을 한다고 해서 공단이 상담사들을 직접 고용해야 하는 아무런 근거가 없다고 주장했다. 한마디로 불공정하다는 것이었다. 직고용을 반대한 쪽에는 건강보험공단 정규직

노조도 포함되어 있었다.

　이 문제에 대한 찬반을 여기서 내가 밝힐 필요는 없을 것이다. 다만 그런 주장들을 보면서 '전화 받는 일' 정도를 하는 사람에 대한 시선이 어떤지는 충분히 전해진 것 같다. 하긴 콜센터나 상담사에게만 그런 시선이 가해지는 것은 아닐 테다. 한 일터에서 일하고 있어도 상대적으로 덜 중요하다고 여겨지는 일들을 하는 사람은 도급사 직원인 경우가 대부분이 아닌가. 그리고 다들 그런 시스템에 이제는 익숙해진 것 같다. 중요한 일은 본사 정규직, 덜 중요한 일은 도급사 파견직. 몸에 써 붙이고 다니지 않아도 누구나 알 수 있을 만큼 신분의 경계는 명확한 것 같다.

　누구나 할 수 있다고 여겨지고, 빈 자리가 나면 아무나 데려다 채워도 일할 수 있는 곳. 딱히 경력이나 연차를 인정할 필요 없이 그때그때 필요한 만큼 채우고 필요가 없어지면 비울 수 있는 곳. 콜센터 상담사란 그런 일자리이기 때문에 그만큼 취업의 문턱이 낮고, 퇴사의 문턱 또한 엄청 낮은 것이리라. 또 그런 일자리라고 여겨지는 것이리라.

　어떤 회사의 정규직이 하기엔 좀 중요하지 않아 보이는 일을 하는 곳, 그러나 정작 거기서 일하는 사람들은 힘들어 죽겠다는 말을 연발하는 곳, 그곳이 바로 콜센터다.

누구에게나 처음은 있잖아요

 콜센터에는 '통화 품질 스크립트'라는 게 있다. 정해진 규칙에 따라서 고객이 원하는 바를 해결해주기 위해서 이럴 때는 이렇게, 저럴 때는 저렇게 대응하라고 적힌 지침이다. 콜센터에 전화를 건 고객들이 대체로 원하는 바들이 정해져 있으니 그건 그것대로 처리하는 매뉴얼이 있고, 정해진 규칙 외의 것들을 요구할 때, 정해진 바가 없는 상황이 발생했을 때는 또 어떻게 처리해야 하는지 나름 세세하게 정리되어 있어서 웬만해서는 이 스크립트를 따르면 일이 해결된다고 봐도 무방하다.

 물론 상담사들 중에는 고객과의 대화 자체를 즐기는 이도 있다. 스크립트라는 게 말 그대로 천편일률적이기는 하다. 콜센터에 자주 전화를 거는 고객 중에는 그래서 쓰여 있는 대로 읽지 말라고 화를 내는 사람도 있다. 이런 고객들의 바람처럼 이 상담사는 스크립트는 거의 무시하고 고객 목소리나 고객이 쓰는 어휘, 어조 등을 파악해서는 그에 맞게 어떤 말투를 어떻게 써서 이 사람을 달래고 설득할지 유연하게 대화하는 편이었다. 그래서 통화 품질 점수는 낮아도 고객 만족도는 귀신처럼 높게 나온다. 그런 분이니 나도 관리자를 맡으라는 제안을 일곱 번인가 했다. 그러나 자기는 콜 받는 게 더 재밌다고 번번이 거절했다. 콜 하나하나 해결하는 게 무슨 퀘스트 같아서 재밌다고 했다.

이렇게 콜센터에 적성이나 취향이 맞는 분들이 있다. 또 인생의 어떤 곡절이 있었는지는 몰라도 말도 안 되는 고객의 요구에도 감정의 동요 없이 딱 필요한 일들을 착착 처리하는 분들도 있다. 그런 분들이라면 기본급 외에 인센티브도 적당히 더 받으며 일을 할 수 있는 직장이 콜센터다.

그러나 그런 사람은 정말 드물다. 앞서 말했듯 어떤 이유로든 '죽겠다' '미치겠다'는 말이 둥둥 떠다니는 곳이 콜센터다. 그런 이유로 콜센터는 이직이 정말 잦은 감정노동 시장이다.

그러니 다행히도 콜센터에서는 정말 신입인 경우라도

채용한다. 항상 인원이 모자라기 때문이다. 말하자면 현재 콜을 받는 인원이 부족해서 열 명을 새로 채용했다면, 2개월 후에는 그중 여섯 명이 나가고, 3개월 후에는 나머지 네 사람이 옆자리 친구들이랑 손잡고 7인 단체 퇴사를 하는 곳이 콜센터다.

성수기든 비수기든 일할 사람은 언제나 모자란다(코로나 시국은 예외다. 이 이야기는 뒤에서 따로 하려고 한다). 그러니 당신이 콜센터 일을 한 번도 해보지 않은 사람이라도 어렵지 않게 콜센터에 취업이 가능하다.

그리고 콜센터는 상담원 업무, 나아가 아르바이트로든 뭐든 돈을 받고 하는 일 자체를 경험해본적 없는 이들이 그만큼 많이, 자주 들고 나는 곳이다. 콜센터에서 상담사로 근무한 경험이 있다면 콜센터가 첫 직장인 사람을 만난 경험이 없을 가능성은 극도로 낮다. 나도 지금껏 그랬다.

알바를 해야 하는데 자리가 구해지지 않아서, 구인 공고에 쓰인 꿀 같은 문구에 속아서, 거기 적힌 월급을 보고 설레서, 돈은 벌어야 하고 지금껏 일해본 경험은 없는데 신입도 무방하다고 해서…. 어떤 이유로건 콜센터에 취업한 초년생들. 콜센터에서 일해본 사람들 중에 그 파릇파릇한 얼굴들이 이틀 만에 시멘트 같은 낯빛으로 변하는 것을 본 적 없는 사람도 있을까? 깐 달걀처럼 매끈매끈하던 얼굴이 하루이틀 만에 파김치처럼 숨이 죽는다. 그걸 보고 상담사들은 다들 그럼 그렇지 하는 얼굴로 웃는다.

일을 하면서 누구나 크든 작든 실수를 하게 마련이고 콜센터에서도 각종 실수, 업무 미숙 사례가 넘친다. 주로 업무 내용을 잘 숙지하지 못해서 발생하는 일들이다. 사회적인 언어, 사회적인 소통에 미숙한 신입사원들이 일으키는 트러블도 허다하다.

커뮤니케이션을 잘 못해 발생하는 실수 사례는 정말 다양하다. 아직 업무 의사소통이 익숙하지 않은 사회초년생들은 쉬운 지시라도 각자 개성대로 이해해 특이한 실수를 많이 저지른다. 그래서 밉다기보다는 차라리 귀여운 인상을 주기는 한다.

신입 때 저지르는 이런 실수들은 대부분 퇴사 때까지 꼬리표처럼 따라붙는 흑역사로 남는다. 그러나 당신이 혹여 콜센터에 입사하고자 하는 사람이라도 이런 사실에 두려워할 필요는 없다. 앞으로 더 어마어마한 흑역사도 얼마든 적립하게 되니까 말이다. 그리고 그건 신입이라서가 아니라 일을 제아무리 잘하는 사람도 1년 정도 한 회사에 몸담고 일하다 보면 누구나 그만큼은 적립하게 되니 역시 겁먹을 필요는 없겠다. 게다가 신입의 실수란 콜센터에서만 일어나는 일은 아니지 않은가.

　그런데 콜센터 신입들의 업무 실수에는 특징이 있다. 무엇보다 바로 고객의 횡설수설에 잘 말려든다는 점이다. 내가 홈쇼핑 콜센터에서 일할 때 어느 신입 상담사가 한 통화를 너무 오래 하길래 나중에 그 녹취를 들어본 적이 있다. 홈쇼핑에서 구매한 신발을 교환하고 싶다는 고객에게서 걸려 온 전화였다. 녹취를 2분쯤 듣는데 대화에서 '신발'이라는 단어가 등장하는 빈도가 점점 줄고 있다는 게 느껴졌다. 워낙 통화가 길어 빠르게 뒤로 돌리느라 중간에 무슨 과정을 거쳤는지, 미싱 링크가 어디였는지 찾을 수는 없었지만 7분쯤부터 다시 재생을 하니 둘은 무령왕릉 이야기를 하고 있었다.

　신발에서 무령왕릉, 거짓말 같기도 한 이런 이야기의 흐름이 콜센터에서는, 신입에게는 아주 흔한 일이라면 콜센터에 대한 신비감이 한층 더 쌓이려나. 상담사가 신발 교환을 묻는 고객에게 무령왕릉 이야기를 꺼낼 리는 없다. 통화의 맥을 잡지 못하고 고객이 하는 이야기에 예, 예 대답만 하다 보면 이야기가 어디를 향하고 있는지, 내가 왜 이런 말을 듣고 또 거기에 대답하고 있는지 자기도 모르는 상태에 빠지고 마는 신비한 일이 벌어진다. 신입들은 고객이 용건과 다른 이야기를 한다고 해도 '그래서 전화하신 용건이 뭔가요?' 같은 식으로 잘 되묻지도 못한다.

또 다른 신입 상담사의 통화 녹취를 들은 적이 있는데 듣는 나도 말려들어갈 정도로 상담사와 고객 사이의 대화가 찰졌다. 그런데 통화를 한참이나 듣고서 고객에 대해 알게 된 것은 대구에서 태어남, 어려서부터 교회 성가대에 나감, 딸은 서울에서 출산, 곧 손녀 볼 생각에 가슴이 두근두근, 피아노를 수준급으로 침, 조상이 독립운동가 등이었고, 통화를 한참이나 들어도 모르겠는 것은 도대체 전화한 용건이 무엇이냐는 것이었다.

대화가 미궁에 빠지는 가장 큰 이유가 있다. 고객들은 대체로 화가 나 있거나 흥분해서 콜센터에 전화를 걸기 때문이다. 용건이 먼저인지, 화풀이가 먼저인지 궁금할 정도인 경우가 많다. 물론 처음부터 화가 난 고객만 있는 건 아니다. 그러나 전화를 걸어서 나긋나긋하게, 점잖게 대화를 시작했다가도 어느 때부터 점점 속도가 빨라지고 톤이 높아지는 경우는 허다하다.

어느 날은 한 고객이 너무 허둥지둥 말해서 상담사가 조금 천천히 설명해주실수 있는지 물어봤더니 고객 매우 화를 내며 "나도 내가 무슨 말 하는지 몰라요"라고 말해서 차라리 그 정직함에 상담사들이 호감을 가진 경우도 있다.

콜센터에서 일하기 전까지, 살면서 누가 자기에게 이렇게까지 흥분해서 화를 내면서, 다짜고짜 말하는 경우를 겪어본 사람이 얼마나 될까? 고객님들의 신상이나 정보를 보호하기 위해 그나마 좀 웃긴 무령왕릉 이야기를 예로 들어서 그렇지 전화를 받자마자 욕부터 들려오는 건 생각보다 많다. 그러니 그런 사람을 상대하면 일단 놀라고 당황해서 뭘 원해서 전화를 걸었는지, 그 니즈 파악을 제대로 하지 못하는 경우가 많다.

여기 밥솥을 샀는데 고장이 났다고 콜센터에 전화를 건 고객이 있다.

"내가 거기서 1년 전에 밥솥을 샀는데 그게 지금 밥이 안 지어져."

"그러십니까? 불편을 드려 정말 죄송합니다."

여기까지는 양호했다.

"지금까지 밥을 못 지어 먹은 게 나흘이나 돼. 어떻게 할 거야?"(이후로 2분가량 계속 호통).

"그럼 고객님, 밥을… 지어달라는 말씀이십니까?"

고객은 밥솥이 잘 작동하지 않으니 수리나 보상을 원해 전화했을 것이다. 밥이 안 지어진다, 이런 소리를 들으면 자동으로 누구나 그렇게 추측하지 않을까? 그러나 제대로 듣는다는 행위에 몰두한 신입은 고객의 이야기에 맥없이 끌려가다가 밥 못 지어 먹은 나흘을 보상이라도 하고 싶은지 '그럼 밥을 지어줘야 하는 걸까' 하는 생각으로 이어진다. 상담사가 이렇게 반응하자 전화를 건 고객은 더 불같이 화를 내고야 만다.

"아니, 뭐 이런 경우가 있어요? 내가 아무리 화가 났기로서니 콜센터에 전화해서 밥 지어내라고 하는 옹졸한 사람처럼 보여요?"

신입 상담사는 이마를 손바닥으로 눌러 속에서부터 올라오는 열을 식히면서 죄송합니다, 불편을 드려 죄송합니다 하는 말만 십수 번 반복해야 했다.

콜센터에 전화를 건 고객 입장에서는 이 상담사가 일한 지 얼마나 됐는지, 그래서 아직 얼마나 미숙한지, 대화에서 어떤 문장을 잘못 이해해서 뚱딴지 같은 소리를 했는지, 어쩌다가 책임지지도 못할 말을 하게 되는지 같은 사연을 전혀 모르고 알 필요도 없다. 그러니 상담사의 사정을 꼭 이해해 줄 필요도 없다. 실수든 뭐든 상담사의 귀책인 건 맞기 때문이다.

그러나 누구든 처음이 있기 마련이고 실수도 일어나기

마련이다. 그러니 기분이 상한 정도의 일이라면 성의 있는 사과를 받았을 때 미숙한 상대방을 너그러이 이해해주면 좋지 않을까. 당신도 어딘가에서 누군가와 일을 하는 사람일 텐데 말이다. 매일 이런저런 실수가 벌어지고, 거기서 이어지는 불 같은 항의를 누그러뜨리려 사과 전화를 돌려야 했던 때, 나는 매일 그런 바람을 가졌다.

전화를 먼저 끊은 죄

고객이 마구 짜증을 낼 때, 당황하면 아무리 교육을 받았어도 그 순간에는 교육 받은 내용을 망각하게 되어 있다. 내 친구는 입사 후 한 달 만에 센터 상위권 실적을 낸 우수한 상담사였다. 그러나 친구는 입사 첫날 민원성 고객이 하도 화를 내는 바람에 당황해서 고객이 말하고 있는데 전화를 끊어버렸다. 콜센터에서는 고객이 전화를 끊기 전에 상담사가 먼저 '단선'하는 것을 금지하는 경우가 많다. 고객이 전화 끊는 것을 깜빡해서 용건 없이 통화가 계속 연결되고 있거나 고객이 성희롱, 욕설 등을 하는 게 아니라면 먼저 끊어서는 안 된다.

그리고 먼저 전화 끊는 것을 무례하게 여기는 고객은 정말 많다. 그래서 큰 화의 불씨가 된다. 특별한 용건이 남지 않아 인사말을 전하고 먼저 끊은 상담사에게 "싸가지 없다"는 평가를 내리는 고객은 상당히 많다. 고객만족도 상담 조사 내용을 들춰보면 고객들이 의외로 정말 많이 남기는 평가가 전화를 먼저 끊어 불쾌했다는 내용이다. 녹취로 통화 내용을 확인해보면 고객이 먼저 화를 내고 단선하고서도 상담사가 먼저 전화를 끊었다고 주장하며 화를 내는 고객도 있다.

어릴 때부터 배우는 전화 예절 중에 전화는 윗사람, 어른, 상사가 먼저 끊을 때까지 기다린다는 게 있는데, 그렇다면 먼저 끊었다고 화를 낸다는 건 상담사가 자기를 아랫사람으로 취급해서 불쾌하다는 것일까.

용건이 끝났는데도 아무 말 없이 통화가 몇 십 초 이상 이어지고 있을 때 상담사는 "추가 문의사항 없으시면 통화를 종료하겠습니다"라는 멘트를 하고 나서 전화를 종료할 수 있다. 고객에게 전화를 이제 그만 끊겠다고 안내하는 멘트인 동시에, 실은 이 멘트를 녹취로 남기는 것이다. 먼저 끊었다고 화를 내는 클레임이 있을지 모르니 여기 대응하는 보험을 들어두는 셈이다.

또 다른 내 친구도 신입이었을 때 실수로 전화를 먼저 끊어버린 적이 있었다. 전화가 단선되자마자 뭔가 잘못됐음을 알아차렸다. 당황해서 고객에게 다시 전화를 걸려고 했지만 콜센터는 통화가 종료되면 자동으로 다음 통화에 연결되는 시스템이다. 전화를 끊으면 바로 다른 전화가 들어온다. 그렇게 밀려드는 다른 통화들을 해결하고서, 급히 전산상 접속되는 고객들을 막고서, 아까 그 고객에게 전화를 걸었지만, 이미 그 고객은 콜센터에 다시 전화를 걸어 통화 중이었다. 다른 상담사에게 내 친구가 전화를 먼저 끊었다면서 민원을 제기하며 급기야 상급자를 연결하라고까지 한 상태였다.

이 건으로 고객은 당시 팀장에게 40분간 항의했다. 팀장은 상담사 '귀책'으로 인한 '보상'이 나가지 않게끔 최대한 고객을 달래느라 진이 빠진 상태로 통화를 종료했다. 다행히도 고객의 양해를 구했고, 팀장의 성향도 나쁘지는 않아 신입이니 실수할 수도 있는 거라고 웃어넘겼다.

이게 다 전화를 먼저 끊었다는 이유로 벌어진 일이었다. 누군가와 통화하다가 전화를 먼저 끊었다면 기분이 나쁠 수 있다. 또 전화 예절에 대해 한마디 할 수도 있다. 그러나 40분씩이나 항의할 사람은 없을 것이다. 그러나 콜센터에서는 자주 발생하는 민원이자 클레임이자 사건이다.

이번에는 밤 10시에 콜센터에 전화를 건 고객이 있었다. 이 전화를 받은 상담사 역시 하필 입사한 지 이틀 정도 된 신입이었다. 고객은 자기가 주문한 온수매트가 터져서 침대에까지 물이 다 묻고 자기 얼굴에도 물이 묻었는데 어떻게 할 거냐며 장시간 화를 냈다.

고객은 지금 당장 수리 기사를 자기 집에 보내라고 했다. 그렇게 일방적으로 말하는데 '죄송하지만 그렇게 하기는 어렵다'는 말 한마디 던질 여력이 없었는지 신입 상담사는 그만 네, 네 하고 전화를 종료해버렸다.

온수매트가 터져서 수리 기사를 부르려면 유통사 콜센터가 아니라 가전제품 회사 서비스센터에 전화해야 한다. 그리고 그건 고객이 그 콜센터에 전화를 걸어야 하는 일이다. 이런 전화가 오면 상담사들도 대개 그렇게 안내한다. 게다가 설령 유통사로 제대로 전화를 걸었더라도 밤 10시에는 그쪽 서비스센터도, 수리 기사도 일을 하지 않을 테니 유통사 콜센터 상담사인 이 신입 상담사는 영업일 기준으로 익일에 확인해 연락을 드리겠다고 말해서 고객을 달래야 한다.

물론 가전회사 서비스센터에 직접 연락해봤는지 조심스럽게 물어봤다면 온수매트가 터져 이미 흥분한 고객은 십중팔구 욕을 했을 것이다. 그래도 상담사들은 반드시 그렇게 안내해야 한다. 이런 과정을 거치지 않고 다른 곳으로 일을 이관하면 상담사의 업무 규정을 위반한 것이 되기 때문이다.

고객이 기어이 스스로 해결할 의지가 없다면 상위 부서에 내용을 전달하고 담당자가 연락할 거라고 말해서 시간을 벌거나 팀장이 직접 통화하게끔 전달한다. 그러나 이 온수매트 고객 전화를 받은 신입 상담사는 안타깝게도 이 중에서 어떤 것도 하지 않은 상태로 통화를 종료한 것이었다. 더욱이 고객에게는 '네, 네' 대답은 했는데 그러고서 아무 조치도 하지 않았다.

두 시간쯤 지나 이 고객이 다시 전화를 걸었다. 수리 기사가 오겠거니 자정이 다 되도록 기다렸는데 아무 소식이 없자 미친 사람처럼 화가 나 전화를 건 것이었다. 이번에는 신입 말고 다른 상담사가 전화를 받았는데 이 유통사 못 믿겠다, 일을 어떻게 이렇게 처리하느냐, 왜 수리 기사를 보내겠다고 거짓말을 했느냐 장장 20분을 악을 썼다.

그리고 역시나 보상을 요구했다. 낮이었다면 팀장이 어떻게든 무마해 팀 안에서 유야무야 잘 덮인 그나마 해피엔딩이 됐을 텐데, 안타깝게도 중대 클레임으로 발전한 이 건은 본사에까지 보고되었다. 이슈가 될 만한 큰 클레임은 본사에 보고하도록 규정되어 있기 때문이다. 그리고 이렇게 보고가 올라가면 해당 상담사와 관리자는 다음 재계약, 계약 연장에서 암암리에 불이익을 받는다. 이 상담사 또한 신입임에도 큰 감점과 시말서 작성으로 이어지는 결말에 도달하고 말았다.

밤 10시에 전화해서 수리 기사를 보내라니, 그것도 가전제품 회사도 아니고 유통회사 콜센터에 전화해서 수리 기사를 보내라니 고객의 요구사항이 말도 안 된다. 그런데 콜센터에서는 '네, 네' 하고 말을 해버리면 그 자체로 약속을 해버린 셈이 된다. 애초에 해결이 불가능한 건도 이렇게 말을 해놓고 나면 그때부터 유통사에서 책임져야 하는 일이 된다. 나중에 '그럼 애초부터 안 된다고 하지 아까 전화했을 땐 분명히 된다고, 해주겠다고 하지 않았냐' 따지고 들면 할 말이 없기 때문이다.

그래서 그 책임을 다하지 못했으니 고객이 보상을 요구하면 소액의 적립금이나 쿠폰이라도 발행해 해결하는 사례도 간혹 있다(대부분은 그런 이유로는 보상을 해줄 수 없다고 하지만, 이 온수매트 건은 고객이 유통사의 응대가 미숙했다며 심리적 피해 보상까지 요구했고 상담사의 실수가 크기는 컸다).

이런 항의의 대부분은 고객의 말도 안 되는 요구에서 시작한다. 말도 안 되는 이야기를 듣다가 상담사가 당황해서 말도 안 되는 실수를 하거나 지나친 고객 항의에 지쳐서 끝내 고객과 설전을 벌이는 경우가 많다.

명백하게 실수를 했으면 사과를 하면 된다. 그런데 자기 잘못도 아닌 일에 수그리고 사과하고, 또 이 정도면 된 것 같은데 하는 예상치를 넘어 과한 사과와 보상을 요구하는 일은 일상생활에서 흔하지 않다. 잘못에 합당한 사과면 족하다. 그런데 콜센터에서는 이렇게 무슨 일이건 사과부터 요구하고 잘못에 비해 훨씬 큰 사과와 보상을 요구하는 일이 비일비재하니 그 또한 신기한 것이다.

그런 일이 벌어져 상담사가 시말서를 쓰는 경우도 흔하다. 시말서 한 장 썼다고 해서 상담사에게 뭐가 크게 나빠지는 것은 없으니 운이 나빴다 하고 그러려니 넘긴다. 신입들에게도 잘못된 부분을 지적하면서도 너무 마음에 담아두지 말라고 당부도 한다.

하지만 기분이 상하는 것은 어쩔 수 없다. 동료들에게, 자기 자신에게 창피하다. 제아무리 실수를 했기로서니 이렇게까지 사람을 몰아붙이나 세상이 무섭기도 하고 억울하기도 하다.

헤드셋의 한계

콜센터 하면 으레 이어폰과 마이크가 연결된 헤드셋을 머리에 낀 사람들이 각자의 자리에서 통화하는 장면을 떠올릴 것이다. 실제로 콜센터에서 헤드셋은 중요한 장비다. 고객과 통화하면서 손으로는 전산을 처리해야 하니 더없이 필요하다.

그러나 짐작하겠지만 그런 중요도에 비해 회사에서 지급하는 헤드셋이라는 것이 생각보다 음질이 좋지 않다. 대부분 렌털인데 싸구려인 데다 낡을 대로 낡았다. 또 상담사들 입사와 퇴사가 수시로 발생하니 대충 돌려 쓰는 형편이다. 자리를 순환해서 배정하고 그때마다 그 자리에 있는 헤드셋을 그냥 쓰게 하는 회사도 있다. 그런 회사라면 자리를 배정한 날 여기저기서 소리가 들린다.

"이 자리 헤드셋 구려!"

입 근처에 마이크가 오도록 마이크 각도를 조정해야 하는데 안 되는 경우도 있고, 도대체 마이크에 무슨 일이 일어난 건지 무슨 수를 써도 고객이 내 목소리가 잘 안 들린다고 하는 경우도 있다. 내 자리 헤드셋이 그렇게 소리칠 정도가 아니기만을 바랄 뿐이다.

그러니까 일차적으로는 장비의 문제다. 고객이 콜센터와 통화하면서 '통화 품질'에 불만을 품게 되는 게 상담사 입장에서도 어느 정도는 이해가 간다는 말이다. 고객들에게서 이런 말을 자주 듣기 때문이다.

"아니, 평소에 이런 식으로 잘만 통화했는데 그쪽(콜센터)이 문제가 있는 거 아니에요? 왜 나보고 가까이서 전화하라 마라 그래요?"

목소리가 잘 안 들려서 안 들린다고 하면 초장부터 시비조로 응하는 고객들이 있다. 그리고 그 고객 말이 맞다. 이것은 대개는 콜센터(장비) 문제다. 그러나 반드시 그런 것만은 아니다.

당신이 어딘가에 전화를 하는 상황이라고 치자. 좀 조용한 곳, 잘 들릴 만한 환경을 찾아 전화를 걸게 마련이다. 그런데 콜센터에 전화를 걸 때는 그런 환경을 고려할 필요 없이 편하게 통화해도 괜찮다고 생각하는 경향이 있나 보다. 전화 배경음을 들어보면 공간과 시간, 상태가 아주 각양각색이다.

그래 급하면 언제든 콜센터에 전화해서 물어볼 수 있지, 그래 갑자기 생각이 났으면 까먹기 전에 어디서든 콜센터에 전화를 걸 수도 있지, 그렇게 생각은 하면서도 가끔은 정말 궁금하기도 한 것이다. 하필 왜 저기서, 저 시간에, 저런 상황에 전화를 걸 수 있지? 콜센터 아니고 다른 데랑 통화할 때도 과연 그럴 수 있을까.

차에서 전화를 거는 고객은 아주 많다. 내비게이션 안내 음성이 고스란히 들린다. 차에서 운전하면서 전화하는 경우도 많다. 그럴 땐 대개 블루투스 이어폰이나 핸즈프리를 쓰는 것 같다. 그리고 이런 경우에는 대부분 소리가 잘 안 들린다. 휴대폰끼리는 이런 통화가 별 문제가 없을 테고 고객 입장에서는 여느 통화 때처럼 상담사 말소리가 잘 들린다. 헤드셋을 끼고 통화하고 있으니 고객 입장에서는 상담사 목소리가 잘 들리는지 몰라도 상담사의 헤드셋은 그렇게 고성능이 아닌 데다 핸드폰에 귀를 대고 통화하는 것과 헤드셋의 한쪽 패드로만 들리는 소리가 꽤 다르다. 음량부터가 확 줄고 소리를 식별하는 것 자체가 힘들어진다.

이런 상황에서 통화를 하려면 도입부부터 매뉴얼처럼 정해진 과정을 거치게 된다.

> 상담사: 고객님 소리가 잘 들리지 않아(…) 이어폰이나 핸즈프리를 이용하시는 중이시면 일반 통화로 전환을 부탁드립니다.
> 고객: 나는 잘 들리는데 왜 안 들린다는 거예요? 그쪽이 이상한 거 아니에요?
> 상담사: 정말 죄송합니다. 헤드셋을 사용하고 있기 때문에 거리가 멀어지면 소리가 잘 식별되지 않는 부분이 있습니다.
> 고객: 그건 그쪽 사정이고요.

용건이 있어 전화를 했다. 그런데 상대방이 잘 안 들린다고 한다. 그럼 "아, 그래요? 제가 더 가까이서 말해볼게요. 이제 좀 잘 들리나요?" 같은 말로 통화하는 상대방에게 양해를 구하는 것이 보통이지 않은가? 안 들린다는 게 화를 낼 일인가? 왜 콜센터에 전화하면 그저 전화가 잘 안 들린다고만 했는데 고압적인 분위기가 생기는지.

이런 분위기가 생기면 이미 상담사들은 사내 메신저에

입력을 시작한다.

"이 인간 갑질 대단하다!"

그런 경우도 있다. 고객은 분명 가까이에서 통화를 하고 있다는데 안 들리는 경우다. 마찬가지로 안내를 한다.

"고객님 조금 가까이에서 통화 가능하신가요?"

그럼 고객이 고래고래 소리를 지른다.

"가까이에서 통화 중인데 뭘 더 얼마나 가까이에 가라고요!"

음성만 들어서는 전화기를 가까이 대고 말하는 것도 같은데 이상하게 소리가 식별이 안 되는 경우도 많다. 이럴 때는 대부분 더 큰 소리에 목소리가 묻히는 경우다. 어떤 날은 전화를 받았는데 고객은 뭐라고 하는지는 전혀 안 들리고 배경음만 뚜렷이 들린다.

"사당, 사당행 열차가 들어오고 있습니다. 더 트레인 포 사당 이스 어프로칭. 이 역은 타는 곳과 전동차 사이가 넓습니다. 열차에 타고 내리실 때 조심하시기 바랍니다."

그리고 삐융빠융 하는 그 소리도 이어진다. 고객님은 제 말이 들리시나요? 저는 철도 안내방송만 들립니다…. 열심히 말해도 상대방이 뭐라고 하는지를 들을 수가 없어서 '4호선 타시나요?'라는 말도 해보았는데 커뮤니케이션은 실패했고 답답했는지 고맙게도 고객이 먼저 전화를 끊어주었다.

노래방 안에서 전화를 걸 거라곤 차마 상상하지 못했다. 그래도 처음엔 말소리가 들렸다. 고객이 목청이 좀 크기도 했다. 그리고 뚜렷하게 소찬휘 노래가 시작되고 있다는 것도 알 수 있었다. 어렵게 어렵게 인사까지는 서로 나누었다.

그리고 "배송 받은 물건의―"라는 말이 시작되자마자 헤드셋에 울리는 노랫소리.

"잔인한! 여자라! 나를 욕하지는 마!"

마침 센터에 전화가 많이 들어오지 않아 주변이 조용했는데 귀가 너무 아파 헤드셋을 귀에서 살짝 뗐더니 정확히 내 옆으로 다섯 칸까지 상담사들이 그 소리에 다들 웃음이 터졌다. 고객님 죄송하지만 노래방 밖으로 나가셔서 통화가 가능할까요, 두어 번 말했지만 대답은 안 들렸고 복면가왕 같은 상황만 반복되다 전화는 끊어졌다.

노래방이건 지하철이건 식별이 불가능한 상태라 "죄송하지만 혹시 장소를 바꾸어서 통화할 수 있을까요?" 물어보면 친절하고 협조적인 고객들은 다시 전화한다고 하고 통화를 종료한다. 그러나 세상엔 그런 사람만 있는 게 아니다. 한사코 나는 지금 여기서 너와 통화를 해야겠다는 고객도 있다. 별수 없다. 싸우고 싶지 않다면 그냥 받아주는 수밖에. 그러나 서로 말이 통하지 않아 결국에는 서로 감정만 상한 채로 통화가 종료된다. 그러는 동안 상담사 목소리에 짜증이 섞이거나 해서 고객에게 민원이 잡힐 꼬투리만 제공하지 않는다면 다행인 결말이다. 어떻게 가도 배드엔딩인 통화다. 그리고 그냥 좀 웃기고 답답한 녹취 파일이 기록으로 남는다. 나는 이것을 '바이트 낭비'라고 부른다. 사실 상담사의 체력이 더 낭비되는 건이지만 그렇게 부르면 슬프니까.

콜센터 근무 경력이 오래된 친구들 중에는 먹방이라는 장르를 그렇게 싫어하는 사람들이 꽤 있다. 그 쩝쩝거리는 소리를 견딜 수가 없다는 것이다. 고객이 뭘 먹으면서 전화를 거는 경우도 많아 생긴 직업병이랄까.

유튜브 먹방은 먹는 소리를 아주 혐오스럽지 않게끔 하는 여러 스킬이 있어 음식 씹는 소리나 마시는 소리 등을 최대한 맛깔나게 녹음한다고는 하던데, 그래도 어쨌건 남이 뭔가를 입에 넣고 굴리는 소리인 건 마찬가지여서 일하면서 통화 중에 몇 번씩 듣는 비위 상하는 소리와 크게 다를 바 없게 들린다.

정말로 비위가 상한다. 말하면서 입 안에 있는 국물로 추정되는 것이 찰랑거리는 소리나 바삭바삭하던 것이 질척해지는 소리…. 비위가 강한 상담사라면 기분 나쁠 것까지는 없을지 몰라도 무슨 말을 하는지는 식별하기가 힘들다.

이런 상황은 두 배로 난처한 부분이 있다. "고객님 혹시 뭔가를 드시는 중이라면 다 드신 후에 말씀해주시겠어요?" 이 말이 생각보다 고객의 기분을 상하게 만들기가 쉬운 탓이다.

"왜요, 내가 말하는 게 더러워요?"

"그게 아니고 고객님이 말씀하시는 내용이 잘 식별되지 않아서요…."

"저 똑바로 말하고 있어요. 뭐가 안 들린다는 거죠?"

"죄송합니다."

이런 식으로 대화가 전개되기 십상이다. 그러니 결국 참고 견디면서 소통 불능의 시기를 견디는 것 외에 상담사에게 주어진 선택지는 없다.

좋은 방법은 아니지만 친구가 예전에 사용한 방법은 있다. 이 친구는 고객이 무례할 때도 웃는 목소리와 사근사근한 톤을 잃지 않는 친구였다. 음성이 식별 불가능하다고 알리고 자리를 옮기든 음식을 먹고 말씀하시든 하라고 양해를 구하기 힘들 때, 이 친구는 자기 헤드셋 마이크를 입에서 최대한 멀찍이 밀어놓고 속삭이듯 말한다. 고객은 신기하게도 그때부터 입에 뭘 물고 있든 노래방에서 샤우팅을 하고 있든 상담사에게 집중한다.

"안 들려요! 뭐라는 거예요!"

고객이 그렇게 소리를 빽빽 지를 때 이 친구는 다시 소곤소곤 대답한다

"죄송합니다. 저는 잘 들리는데 고객님은 잘 안 들리세요?"

이 상태로 시간이 좀 지나면 고객들은 뭔가를 씹는 일을 멈추고 말하는 것에 집중하거나 제풀에 지쳐 전화를 끊는다. 이때도 중요한 것은 통화가 녹음되고 있으므로 절대 사근사근하고 친절한 말투를 놓지 않음으로써 후일 이 고객이 민원을 제기해 통화 녹취를 들었을 때 응대에 잘못된 점이 없었음이 보여야 한다.

마이크를 멀리 돌리는 소리가 녹음되지 않게끔 신경 써서 하는 것도 좋다. 안 들키게만 사용한다면 그럭저럭 유용한 혼자만의 반칙이 될 수 있다. 그래도 서로 스트레스 덜 받고 전화를 끝낼 수 있다면, 사실 그렇게 끔찍한 방법도 아니지 않은가. 고객의 배려를 받지 못하는 것이 상담사의 하루하루라면, 그 하루에 소리 없는 반란 몇 번 일으킨다고 그리 큰 잘못은 아니지 않겠는가.

그러니 이 책을 읽는 고객님들도 혹시 콜센터 상담사가

좀 더 가까이서 통화해달라는 요청을 한다면 협조해주시면 좋겠다. 특별한 친절, 협조를 바라는 것이 아니다. 다른 누군가와 통화할 때랑 달리 유독 콜센터에 전화를 걸 때만 스스로에게 관대해지지는 않는지 살폈으면 좋겠다.

1을 손해 보고
100을 달라는 당신에게

"지금 고객님의 전화를 받는 상담사도 누군가의 가족입니다. 상담원이 폭언이나 욕설로 상처받지 않도록 지켜주세요."

"산업안전보건법에 따라 상담 매니저의 권리를 보호하고 있습니다. 상담원과의 통화는 녹음되오며 고객님의 말 한마디가 큰 힘이 됩니다."

"산업안전보호법에 따라 상담원 보호 조치가 시행중입니다. 상담 내용은 상담사 인권 보호 및 서비스 품질 향상을 위해 녹음됩니다."

어서 빨리 궁금한 걸 물어보고 불편한 걸 해결해야 하는데 연결까지 안내 멘트가 길다. 애매하게 '상담사를 지켜주세요' 하는 멘트도 있고 '산업안전보호법'이라는 법을 들먹

이기도 한다. 요는 상담사에게 험한 말을 하지 말라는 당부다. 또 통화 내용이 녹음되고 있으니 나중에 불이익을 받을 수 있다는 경고이기도 하다.

거의 모든 콜센터가 이런 안내 멘트를 통화 앞에 들려준다. 상냥하고 예의 바른 당신은 왜 이런 멘트가 나오나 귀찮고 의아할 수 있겠지만 그만큼 이런 일이 많기 때문에 상담사, 더 정확하게는 고객응대근로자를 보호하는 조치의 하나로 이런 경고 문구를 통화 전에 고지하는 것이다.

산업안전보호법 제41조(고객의 폭언 등으로 인한 건강장해 예방조치 등)에 따르면 "(…) 정보통신망을 통하여 상대하면서 상품을 판매하거나 서비스를 제공하는 업무에 종사하는 고객응대근로자에 대하여 고객의 폭언, 폭행, 그 밖에 적정 범위를 벗어난 신체적·정신적 고통을 유발하는 행위로 인한 건강장해를 예방하기 위하여 고용노동부령으로 정하는 바에 따라 필요한 조치를 하여야 한다"라고 되어 있다. 또 "업무와 관련하여 고객 등 제3자의 폭언 등으로 근로자에게 건강장해가 발생하거나 발생할 현저한 우려가 있는 경우에는 업무의 일시적 중단 또는 전환"하는 등의 조치를 사업주가 취해야 한다고 정해두었다. "근로자는 사업주에게 제2항에 따른 조치를 요구할 수 있고, 사업주는 근로자의 요구를 이유로 해고 또는 그 밖의 불리한 처우를 해서는 아니 된다"는 조항도 있다.

'고객과 전화 상담을 하다가 건강에 장해를 입는 상담사들이 있다.' '그래서 이를 예방하고 보호하기 위한 조치들을 법으로 정해두었다.' 콜센터 노동의 괴로움은 이 두 문장으로 충분히 예상할 수 있지 않을지.

옷 사이즈가 맞지 않는다며 항의하러 전화를 건 고객이 있었다. 꼼꼼하게도 판매 사이트에 안내된 부위별 사이즈와 자신이 배송 받아 직접 실측한 사이즈의 차이를 언급하며 20분간 화를 냈다. 그러고는 갑자기 상담사에게 자기가 말한 걸 정리해서 다시 말해보라고 했다. 실측 사이즈 운운하는 것에서 짐작할 수 있듯이 만만한 사람이 아니었다. 이미 콜센터 내에 요주의 고객으로 알려진 사람이었다.

그런데 하필 이 전화를 받은 상담사도 만만치 않았다. 센터 굴지의 S급 상담사였다. 어떤 콜도 스무스하게 처리하고 통화 품질이나 고객 만족도가 좋았다. 게다가 타이핑은 800타, 이 고객이 말하는 동안 내용은 이미 다 받아 적어둔 터였다. 그렇게 적은 내용을 정확히 읽어주니 고객도 더는 꼬투리를 잡지 못했다. 창과 방패의 대결이 벌어지나 보다 했는데 상담사가 통화에 집중하는 모습이 마음에 들었다며 고객이 그냥 접어줌으로써 대결은 막을 내렸다. 상담사들 사이에서는 클레임을 걸기 위해 꼼꼼하게도 준비했다, 클레임하겠다고 저렇게까지 정성을 들일 일인가 하는 관전평이 이어졌다.

이런 고객들까지 있으니 클레임을 방어하는 건 아무리 노련한 상담사라도 쉽지가 않다. 웬만한 방패로는 막을 수도 없는 상상 이상의 클레임, 내가 원하는 걸 못 가지면 네가 망가지는 것이라도 봐야겠다는 억지가 난무하는 곳이 바로 콜센터이기 때문이다.

내가 유통사 콜센터에서 근무를 시작한 건 4월이었다. 비수기에 속하는 때다. 바로 직전 3월에는 배송 대란이 일어난다. 주로 노트북, 휴대폰 같은 가전 판매량이 폭증하는 때이고 한동안 그렇게 팔려나간 제품에 대한 항의전화가 빗발치는 때다. 자기가 스펙을 잘못 보고 주문했으면서 이미 박스를 개봉해 반품이 불가한 노트북을 환불해달라며 항의하는 고객들도, 취업 선물로 받아 차에 장착한 블랙박스 배터리에 문제가 있는지 차 안에서 합선인지 무엇인지가 발생했다며 몇 시간 동안 소리를 지르는 고객들도 넘쳐나는 게 3월이다.

그런 고객들을 2, 3주 버티고 나면 4월이 온다. 하루에

150콜 정도를 받는 실적 상위 상담사라면 110콜 정도로 줄어드는 일일 업무량에 반쯤은 기쁘고 반쯤은 지루해한다는 그 시즌. 해이해지기 좋다고들 하는 때지만 신입으로서는 괜찮은 시기였다.

근무 첫날, 열 번째 정도로 받은 전화는 자기가 2주 전에 6만 원 주고 물건을 샀는데 오늘 보니 특가할인으로 4만 원에 판매되고 있는 상황에 대한 항의였다.

정직하게 말하자면 그 말을 듣고 그래서 뭐 어쩌라는 거지 하는 심정이었다. 그날은 콜센터 상담사로 일하는 첫날이었기에 혹시 사고라도 치지는 않을까 하는 마음에 모든 문의 건에 과잉 친절을 베풀며 응대하고 있었고, 대부분의 고객이 문의하는 내용에 공감부터 먼저 표시하며 어물어물 통화를 마무리하고 있던 차였는데도 그 통화는 뭐랄까 좀 신선하게 다가왔다.

동네 마트에 가도 어제까지 할인하던 상품이 오늘 보면 가격이 꽤 오른 경우가 많고 반대인 경우도 많은데 나는 이런 것을 하나하나 항의하면서 살아본 적이 없기 때문이다. 나도 속으로야 '좀 아쉽다. 어제 살걸!' 후회도 하고, '왜 오늘 와서야 이걸 발견했을까' 자책도 하고, '오늘까지 하루만 더 할인 이벤트를 하면 마트가 망하나?' 볼멘소리를 하기도 하지만, 그야 어디까지나 나 혼자 속으로 하는 생각이고 나를 향한 독백, 원망일 뿐, 어디 가서 다른 사람한테 항의할 사안이 아니라는 것 정도는 안다.

그래도 그 고객에게 "그래서 어쩌라는 말씀이실까요?" 같은 소리는 하지 않아 다행이었다. 이해가 가는 상황은 전혀 아니었지만 어쩌겠는가. 상담원은 '공감 멘트'를 날려야 한다.

"정말 죄송합니다 고객님. 불편하신 마음 저도 충분히 이해합니다."

이런 고객들은 안타깝게도 용건을 서두에 말하는 법이 없다. 대부분은 이런 요구를 하면 자기가 진상으로 받아들여질 거라는 점을 스스로 미리 전제하고 전화를 거는 것 같다. 그래서 아주 자연스럽게 장시간 불만을 토로해서 상담사에게 기선 제압을 먼저 시도한 후, 분위기가 무르익었다는 판단이 서면 그제야 본론을 꺼낸다. 가격 차이만큼 환불을 해달라든지, 현재의 할인 가격으로 다시 결제하게끔 해달라든지, 반품하려면 고객에게 택배비가 발생하는 상품이지만 무료 반품을 해달라든지.

어느 유통사건 기본적으로 가격이 어제와 차이 난다는 이유로 환불을 해주거나 보상해주는 건 불가능하다. 가격을 올린다고 어제 판 물건에 값을 더 달라고 하지 않는 것과 마찬가지 아니겠는가.

　게다가 유통사는 상품을 생산하는 곳이 아니어서 고객의 결제 대금에서 수수료를 제하고 판매자에게 송금하고 배송도 그쪽에 맡긴다. 그러니 유통사가 차액을 환불해주거나 할인 금액으로 다시 결제하면 그 차액만큼 유통사가 손해를 본다.

　이런 내용을 고객에게 안내한다. 그렇게 안내를 해도 고객은 어떻게 안 되는지 다시 한 번 알아봐달라고 한다. 이런 고객의 항의에 하나하나 응대하다 보면 상담사의 기력이 소진되어간다. 친절한 톤을 최대한 유지하면서 죄송하다는 말을 반복해 적당히 고객의 기분을 맞춰주는 수밖에 없다.

　진상처럼 보이지 않으려 장시간 기선제압을 하고 나서도, 안 되는 줄 알지만 해달라는 요구 또한 물러섬 없이 장시간 물고늘어진다. 결코 쉽게 끝나지 않는 콜이다.

　급기야 미안하다는 말밖에 할 줄 모르냐며 갈수록 항의의 수위와 강도가 거세지기도 한다. 그럴 때는 확인하고 연락드리겠다고 한 후 전화를 종료하는 편이 낫다. 기분이 나쁜 사람과 대화를 이어가면서 안 된다, 안 된다 주지시켜봐야 화만 더 돋우니 쉼표를 끊어주는 것이다(실제로 알아보느냐 아니냐 여부는 회사마다 지침이 다르다). 일단 조금 뜸을 들인 고객의 감정은 전보다는 가라앉았을 가능성이 크고, 무엇보다 일단은 알아보기라도 했다는 데서 조금 양해를 해주는 경우도 간혹 있다.

다 그렇다면 좋겠지만 이런 식으로 해도 도저히 수습되지 않는 고객이 있다.

"그래서 결국은 안 된다는 소리 하려고 그 시간 동안 알아보고 다니셨어요?"

"어쨌든 안 된다는 거잖아요."

"고객이 입은 피해에 대해서 공감을 하셔야지 결국 그쪽 회사 규정 이야기만 하고 계시잖아요. 이게 무슨 응대하는 태도예요?"

"이거는 상담사 잘못이에요. 그쪽 담당자 바꿔주세요. 내가 항의할 거예요."

이런 식으로 나오는 고객들 말이다. 상담사가 아무리 친절했다 해도 소용이 없다. 어떻게든 너의 실점과 인사상 불이익을 내가 유도할 것이니 그렇게 되고 싶지 않으면 불가능하든 가능하든 당장 나에게 혜택을 적용해달라는 협박성 억지가 등장한다. 이쯤 되면 성향이 가장 악랄한 축에 속하는 고객이다. 통화를 유지하면서 메신저로 관리자에게 상황을 전달한다.

관리자에 따라서 고객이 상담사의 응대를 불편해하는지 회사의 시스템에 불만을 강조하는지를 묻는 경우도 있다. 참 대답하기 난처하다. 상담사가 실수한 게 없다면 사실상 고객은 회사 시스템에 대한 항의를 하는 셈인데, 대부분은 상담사를 협박해서라도 자기가 원하는 것을 얻고자 하기 때문에 죄 없는 상담사에게 고객의 말을 수긍하지 않았다며 응대 불만 사유를 걸고 넘어진다.

콜센터는 고객만족도에 민감하다. 콜센터라는 조직 자체도 그렇지만 상담사들은 월급, 손에 쥐는 돈이 바로 이 고객만족도에 따라 달라진다. 하긴 어디 콜센터뿐일까. '서비스'라는 업종에 있는 사람들은 다 이 고객만족도에 민감할 수밖에 없다. 집에 가전이 고장 나서, 휴대폰 요금이 생각보다 많이 나와서, 갑자기 인터넷TV가 나오지 않아서…. 소비자들은 이렇게 불편을 겪을 때 서비스를 신청하고 문제를 해결한다. 그리고 여지 없이 문자, 카톡, 전화로 이용한 서비스가 만족스러웠는지 응답을 요구받는다. 대부분 특별한 문제가 없으면 '좋아요'를 누르듯 만족스러웠다고 답하는 편이다.

설령 문제를 해결하는 과정이 매끄럽지 않았더라도 결

국 원하는 바를 얻었다면, 원하는 바를 얻지 못했더라도 왜 그럴 수 없는지 알게 되었다면 대체로 그렇게 답을 한다. 게다가 이 고객만족도 평가가 어떻게 쓰이는지, 서비스를 해준 사람에게 돈이든 무엇이든 까딱하다가는 불이익을 받을 수 있다는 걸 대체로 알기 때문에 웬만해서는 박한 평가를 주지는 않는 편이다. 그야말로 인지상정이다.

그럼에도 고객만족도 0점을 주는 사람들이 없지는 않다. 정말 상담사가 과실을 저질러서 그런 점수를 매겼더라도 잔인한 점수다. 그런데 0점을 주는 고객들은 보통은 이미 화가 난 상태로 전화해서 상담사가 큰 잘못을 하지도 않았는데 분풀이 식으로 0점을 주는 경우가 많다. 그리고 이 평가는 고스란히 상담사 급여에 반영된다.

이럴 때 상담사는 억울하다. 무엇 때문에든 이미 화가 난 고객이 있다. 그 화를 다 방어한다. 그러나 지금 배송 기사가 차에 싣고 이동하고 있는 물건이 아닌 이상 "지금 당장 가져와"라는 요구에 만족스러운 답을 해줄 수는 없다. 게다가 화가 끝까지 난 그 전화가 진짜 말 그대로 '랜덤으로' 나에게 걸렸을 뿐이다. 그런데 그 결과 그달 인센티브가 사라진다.

물론 유통사가 잘못한 경우도 있다. 이를테면 고객은 정확히 이벤트 기간에 구매를 했는데 할인 금액이 적용되지 않앗다거나, 쿠폰을 적용하면 그 금액이 되어야 하는 것이 맞는데 적용되지 않았다거나, 이벤트가 마지막 날 11시 59분까지 진행되었어야 하는데 전산상으로 11시 50분에 마감이 되어 남은 9분 동안 결제한 건들은 할인이 적용되지 않았다거나….

전산상 '오류'라고는 하지만 어쨌건 고객이 아니라 유통사의 실수고 책임져야 하는 일이다. 이런 건은 고객에게는 보상을 하고 그 물건을 판매하는 회사와 확인하고 협의해 처리하는 매뉴얼이 있다. 그대로 따르면 된다.

그런데 여기서 끝이면 좋으련만, 자기 잘못이 아니라는 것이 판명되면 억지가 다시 작동하는 고객들이 등장한다. 자기가 손해 보았으니 보상을 요구한다. 그건 그럴 수 있다. 그런데 최근 몇 년 사이에 '내가 1을 손해 보았으니 그쪽에서 100을 주는 게 당연한 거 아니에요?'라고 묻는, 미묘하게 이상한 계산을 하는 고객이 부쩍 많아졌다.

사실 이게 '손해'라는 것부터 수상하긴 하다. 그런데 명백하게 손해를 본 게 아닌데도 자기가 손해를 봤다면서 보상을 요구하는 건 어떤 마음일까. 그런 문의가 많아질수록 세상이 왜 이러나 두렵기까지 하다.

"아니, 토요일 오전에 주문했으면 다음 날 물건이 와야지 월요일에 물건이 오면 어떡해요? 배송이 늦은 건 그쪽 책임이니까 적립금 만 원 주세요" 하는 경우가 있다. '있다'라고만 쓰기에는 모자라다. 이런 요구가 많다.

"얼마 전에 상품을 샀는데 지금 이벤트를 하면서 만 원을 내렸네? 아 기분 나빠, 적립금으로 3만 원만 주세요."

줄 사람은 생각도 안 하는데 혼자서 딜을 시도하는 고객도 있다.

그들은 그게 적절하고 합당한 처사라 생각하는 것일까? 어떻게 생각해도 이해가 잘 안 된다. 어떤 문의라도 진지하게 대응하자, 그렇게 노력하자 마음을 먹고 있지만 이런 상황이 잦아지자 물음표를 머리에 여러 개 띄우고 건성으로 죄송하다는 말을 하고 있는 나를 발견한다.

1을 손해 봤으니 100을 달라. 고객들을, 사람들을 이해하는 것이 갈수록 어렵다.

친절하지 않은 미연 씨

미연이는 내가 처음 입사한 콜센터에서 가장 친했던 동기다. 우리는 나이도 동갑이고 둘 다 대학 전공과는 무관하게 콜센터에 입사했다는 점도 같았다. 그리고 둘 다 그럭저럭 업무 만족도가 높은 편에 속했다. 무엇보다 우리는 처음부터 콜을 많이 받고 잘 받는 편에 속해서 사이 좋고 기분 좋게 경쟁할 수 있어서 좋았다. 일하다 밥 먹을 시간이 되면 만나서 그때까지 몇 콜을 받았는지 서로 묻고, 더 많이 받은 사람은 상대에게 기분 좋게 으스댈 수 있었다. 나는 그런 미연이가 좋기도 했지만 그렇게 미연이랑 같이 보내는 시간이 개보다 더 좋았다.

미연이는 응대 멘트가 자칫 퉁명스러우면서도 정중했

다. 그래서 시비조로 걸고 넘어지는 고객이 아니라면 고객과 통화하면서 불미스러운 에피소드가 잘 생기지 않았다. 시비를 걸려고 달려들었다가도 미연이가 시큰둥하게 굴어서 고객이 민망해한 적은 몇 번 있었다.

"이봐요. 내가 왜 전화했는지 알아요?"

말투부터 뾰족하게 고객이 첫 마디를 던지면 상담사들은 겁을 먹고 긴장한다. 미연이는 그런 고객의 전화를 받으면 손톱을 만지작거리면서 되묻는 애였다.

"저는 모르죠. 무슨 일이신가요?"

세상에 태어나서 단 한 번도 웃어본 적이 없다는 투로 상담하는 미연이는 밥 시간이 되면 누구보다도 열정적으로 편의점에서 가장 맛있어 보이는 컵라면을 고르고, 밥을 먹으면서는 이상한 고객들을 욕하면서 경박하고 밝게 웃는 그런 애였다.

그리고 좋아하는 아이돌 얼굴을 A4 용지 가득하게 인쇄해 와서는 모니터 옆에 붙여두는 애였다. 고객이 큰소리로 욕을 해서 바로 옆자리에 있는 나한테까지 그 소리가 들리기라도 하면 나는 미연이를 살폈다. 그때마다 미연이는 A4 용지를 가득 채운 엑소 세훈의 얼굴을 어루만지면서 입에서 튀어나오려는 욕을 목구멍으로 넘긴 듯 차분하게 마음에도 없는 사죄를 했다.

미연이의 상담 태도는 대단히 친절하지도 않았지만 그렇다고 딱히 불친절하지도 않았다. 그러면서도 적당히 정중하기는 한, 들어보면 딱 아는데 말로는 다 표현하기 어려운 선을 유지했다. 통화하는 중에 침묵도 꽤 많은 편이었는데 트위터 오타쿠 정모 같은 걸 할 때의 어색함이 살짝 있는… 그런 응대였다.

그런 미연이가 힘들어하는 고객도 물론 있었다. 상담사에게 이른바 '감정 케어'를 요구하는 타입이었다. 그러니까 "무슨 아가씨가 업무하듯이 나를 대해!"라며 화를 내는 사람들이었다.

콜센터 상담사들에게는 공감성 호응 멘트라는 게 있기는 하다.

"아~ 그러십니까?"

통화 중에 상담사들이 적당히 추임새처럼 하는 그 멘트 말이다. 실은 이건 일종의 알리바이 같은 것이다. 상담사가 이 멘트를 여러 번 남발한다면 나중에 통화 서비스 품질 채점을 위해 녹취를 듣게 됐을 때를 대비해 쓸데없이 이 멘트를 집어넣고 있다고 봐도 된다.

그런 의도가 아닌데도 이런 멘트를 남발하고 있다면 통

화하기가 상당히 피곤한 고객이라 적당한 응대 멘트를 생각하는 것도 힘들기 때문에 대충 '호응어'라도 남발해서 나중에 불친절하다는 비난을 받지 않으려는 것이다.

미연이는 이 멘트를 거의 쓰지 않았지만, 고객이 소리를 지르기 시작하면 3초 정도 짜증스러운 침묵을 시전한 후에 조금의 말꼬리 늘이기도 없이 음성사서함 톤으로 호응하는 척을 했다.

"아. 그러십니까."

그건 호응의 시늉 축에도 끼지 않았고, 대부분은 불 난 집에 부채질하는 효과만 있었다. 그 '아 그러십니까' 한마디에 더 열받아서 네가 어디서 일하는지 알아야겠다며 주소를 내놓으라는 고객도 있었다.

이때쯤 되면 미연이도 더 이상 힘들어하지 않았다. 오히려 이제 드디어 통화가 끝날 때가 다가왔음을 직감하며 목소리 톤에도 평화가 찾아왔다. 미연이는 손톱을 매만지면서 회사 주소를 순순히 고객에게 알려줬고 고객은 가만두지 않겠다며 로켓단보다 위협적인 톤으로 통화를 종료했다. 그 뒤로 미연이가 2년 더 나랑 근무하는 동안 센터에 내방한 고객은 없었다.

미연이는 과연 최고의 상담사인가? 그렇지는 않을 것이

다. 좀 더 친절하게 응대해도 괜찮기는 했을 것이다. 그래도 미연이는 괜찮은 상담사 정도는 된다. 안내를 잘못한 적이 거의 없어 업무가 정확했고, 사원들과 사이도 좋았고, 감정 컨트롤도 잘해서 힘든 일이 있어도 다음 날까지 기분이 안 좋은 적도 없었으니까.

고객들 중에는 상담사 목소리가 자기가 듣기에 좀 시큰둥하거나 '친절하지 않다'고 느끼면 이 사람을 '인사 처리'해달라고 요구하는 사람도 있다. 물론 이런 전화를 받은 상담사는 경고를 받는 선에서 그친다. 상담사가 대단한 잘못을 해서 법적으로 회사가 위험해진 것이 아닌 이상에는 회사 동료들, 관리자들도 최대한 상담사를 챙기려고 노력한다. 눈앞에 보이지도 않는 화를 내는 고객보다는 같이 울고 웃고 좋은 추억을 공유한 상담사가 훨씬 소중하기 때문이다.

목소리가 친절하지 않았다는 클레임 자체가 실은 어쩔 수가 없다. 꼭 해야 할 멘트를 빠뜨렸다면 관리자들에게 "다시 이런 일 있으면 시말서야" 하는 협박이라도 받겠지만, 목소리는 타고나는 것이고 연출에도 한계가 있다.

도레미파솔, 솔 톤으로 응대하는 것이 고객이 제일 듣기 좋고 상냥하게 들린다는 이야기도 있어서 고객 응대를 가르치는 강사들도 미나 솔 톤을 유지하라는 팁을 주기는 한다.

그런데 어느 고객이 절대음감이라서 '아, 듣기 좋은 솔 음이로군' 하면서 통화를 한단 말인가? 나는 솔 톤을 꽤 잘 유지하면서 통화하는 편인데 어떤 여성 고객으로부터는 느끼하니까 그런 식으로 말하지 말라는 절규를 들은 적도 있다. 듣기 좋은 솔 음인데 왜 그랬을까.

학원 선생님이면서 투잡으로 콜 받으시는 상담사가 있다. 그분에게는 종종 "나를 가르치려 드냐"는 클레임이 들어온다. 어휘나 말투가 무례한 건 아닌데 선생님 특유의 말투가 묻어나긴 한다. 차근차근 설명을 잘하는 편이라 뭔가 잘 몰라서, 설명을 듣고 싶어서 콜센터에 전화한 고객들에게는 만족도 평가가 높은 반면, 어떤 사연이 있는지 선생을 싫어하거나 열등감 버튼이 잘 눌리는 고객에겐 상극이다. 그러니까 아주 친절하거나 아주 불친절한 상태라면 누구나 그렇다고 느끼겠지만 그 중간은 듣는 사람에 따라 달라지기도 하는 것이다.

무엇보다 콜센터는 친절함을 느끼고 싶어서 전화하는 곳이 아니다. 원하는 게 있어서 그걸 얻고자 전화하는 곳이다. 아니 굳이 콜센터가 아니더라도 대화라는 게 대부분은 서로 용건을 전달하고 이해하고 이해시키는 과정 아닌가. 그런데 콜센터에 전화하는 고객 중에는 굳이 대화로 티키타카

하는 것에 너무 집착하는 사람이 많다.

    지금은 다른 회사에 다니고 있는 미연이는 승진을 거부하고 여전히 상담사로 장기근속하고 있다. 여전히 고객들과 가끔 마찰이 있고 여전히 별 실수는 안 하고 여전히 엑소를 좋아한다. 미연이의 해고를 바랐던 스무 명 남짓한 고객들에게는 미안하지만, 아무튼 미연이는 그렇다.

젊은 꼰대에게는
AI를 권합니다

최근에 콜센터에 전화를 건 적이 있다면 느낄 것이다. 전에는 배송 문의는 1번, 교환/환불 문의는 2번, 이런 식으로 원하는 메뉴를 음성으로 안내했다면 이제는 모바일 앱으로 더 편하게 처리할 수 있다. 카카오톡 채팅이나 게시판을 통해서 문의를 남기면 내용을 확인하고 처리해서 다시 연락하겠다 하는 식으로 통화 상담 대신 다른 방식을 안내하는 경우가 많다. 아예 'AI 음성 상담'을 하는 곳도 늘었다. 아무래도 그편이 업체 입장에서는 편한 게 사실이다. 또 굳이 사람을 대면하거나 통화하지 않아도 일을 처리할 수 있다면 모바일 앱이나 웹사이트, 무인 창구나 키오스크 같은 걸로 일을 처리하는 쪽을 더 선호하는 사람들도 있다. 다만 연령대가 높은 분들은 스마트폰 같은 기기 사용이나 웹사이트 사용 등이 서툴러 통화 상담을 더 선호하는 것 같다.

그래서 콜센터에 전화를 거는 고객들 연령대가 좀 높은 편이다. 그리고 나이가 들면 그러는 건지, 연령대가 높을수록 대체로 말이 길어진다. 원하는 바를 한 번에 정확하게 말하는 경우가 드물다. 그래서 무령왕릉 이야기도 나오고 그러는 거겠지. 그리고 역시 화를 잘 낸다. 다짜고짜 화를 내는 경우라면, 고객 스스로도 이건 원칙대로라면 처리가 불가하다는 걸 알기에 고분고분 얘기해서는 안 되겠다, 좀 우겨서라도 원하는 걸 얻어야겠다 하는 마음이 투명하게 보이는 경우도 많다. 안 된다 안 된다 하는 것도 계속 우기고 언성을 높이면 어찌어찌 해결된다는 오랜 인생의 경험 때문인지 아무튼 그렇게 길게, 화난 목소리로 전화를 한다.

그렇다면 젊은 이들은 어떤가. 대체로 원하는 바를 짧고 명쾌하게 말하는 편이고 원한 대로 되건 안 되건 상담원들의 안내를 빠르게 이해하고 수긍하는 편이다. 상대적으로 나이스하게 통화가 끝나는 경우도 많다.

그러나 어디까지나 평균적으로 그렇다는 것이다. 콜센터 블랙리스트에 나이 든 사람만 등재되어 있다고 생각하면 오산이다. 콜센터에서 일한 사람이라면 만장일치로 느낄 만한 것이 있다. 젊은 진상이 더 어렵다는 것이다. 젊은 진상들의 특징은 자기 자신이 나름 논리적이라고 생각한다는 점, 나는 헛소리 안 한다고 근거 없이 철석같이 믿고 있다는 점일 것이다.

 아나운서 톤이라고 해야 하나, 면접 톤이라고 해야 하나, 조별 과제 발표 톤이라고 해야 하나, 아무튼 그런 식의 대화나 발성에 익숙해서인지 대체로 친절한 톤으로, 나름은 논리적인 문장으로 요구사항을 말하기 시작한다. 물론 요구사항 자체는 말이 안 된다. 상냥한 건 고맙지만 들어줄 수가 없는 요구다. 여기서부터 버튼이 눌린 걸까. 합리적이고 상냥하게 말했는데 안 된다는 말을 들어서 민망해서 그런 걸까. 자기 요구가 관철되지 않으면 그 상황이 불합리하고 불공정하다고 생각해버리는 것 같다. 나긋나긋한 톤을 유지하면서 말도 안 되는 요구를 이어가기도 하고, 갑자기 톤이 바뀌어서 화를 내기도 한다.

 젊은 고객들은 대체로 이해도가 높은 편이라고 하긴 했지만 개중에는 대화할 때 말의 의미를 파악하고 자기 의도를 전달하려는 정상적인 소통이 전혀 안 된다고 느껴지는 사람들도 많다. 말의 내용을 전혀 이해하지 못하고 상담사가 말한 단어 한두 개에 꽂혀서 거기에 화를 낸다는 뜻이다. 고객이 응대 불만으로 클레임을 걸면 녹취를 듣고 판단한다. 그런데 이런 '젊은 꼰대'들은 상담사가 무슨 말을 하더라도 말꼬리를 잡으면서 화를 내는 경우가 대부분이다.

가령 "종종 그런 오류 건도 있기는 합니다만 고객님 경우에는 거기 해당하지 않습니다", 이런 식으로 말하면 말의 요지와 상관없이 '종종'에 꽂혀서는 "그런 일이 왜 종종 발생하는 거죠?" 되묻는다.

설명을 하면 불충분하다, 못 알아듣겠다고 되받고, 이야기에 진전이 없으니 일단 죄송하다고 하면 그 말은 나도 할 줄 안다며 또 끝없이 성질을 낸다. 이런 상황이 지속되면 상담사도 실수를 하게 되고, 그게 또 빌미가 되어 상담사가 정말 잘못하는 일이 생기기도 한다. 이런 걸 알아서 그러는 걸까. 설명을 해도 안 되고 사과를 해도 안 되는 경우가 너무 많아졌다.

이런 고객들을 유독 잘 처리하는 상담사도 있다. 목소리 톤이나 말하는 속도 등에서 공격적인 인상을 주는 고객이라도 들어보면 요구사항이나 기분은 평이한 경우도 많아서 노련한 상담사들은 말의 형식보다 내용에 집중해 이를 잘 캐치한다. 콜센터에 장기근속한 상담사들이 이런 내용을 캐치하는 능력을 갖추고 있다고 보면 된다.

그러나 모든 상담사가 다 그렇게 노련하게 대처할 수도 없고, 고객 입장에서도 이런 일이 쌓이다 보면 콜센터는 대충 말해도 되는 곳, 대충 따지면 알아서 요구사항을 들어주는 곳으로 굳어진다. 이미 그렇게 된 건지도 모르겠지만.

친구네 센터에 전화를 건 고객은 자기 마음대로 통화가 이어지지 않자 분을 이기지 못하고 내 친구에게 이런 소리를 내질렀다고 한다.

"니네가 욕 안 들을 인권이 있다는데 나는 너네한테 욕할 권리가 없냐. 니네만 권리가 있냐!"

친구는 다행히 "니네만 권리가 있냐"는 말에 "네" 하고 대답했다고 한다.

처음에는 '상담원님' 하고 나름 나긋하게 상담사를 부르다가 자기 기분이 나빠지면 호칭을 바꾸는 사람들도 많다.

"아줌마!"

"이봐요!"

그걸 나름 모욕을 주는 거라고 생각하는 걸까. 그렇다면 모욕적인 말이라는 걸 알면서도 그런 표현을 골라서 하는 걸까. 처음부터 그런 표현을 쓰는 사람도 있지만 이렇게 자기 성질을 못 이겨서 화가 날대로 나서 표현을 바꾸는 사람들도 많은 것이다.

며칠 전에는 상담원을 비하한답시고 나름 신선한 표현을 한 고객도 있다.

"이 평민들이!"

고객님은 대체 누군데요?

같은 말도 책임자가 하면 잘 듣는 경우는 많다. 상담사들이 자주 듣는 말이 바로 "책임자 바꿔"다. 콜센터뿐이겠는가. 뭐가 마음에 안 들면 당신과는 말이 안 통하니 더 높은 사람을 불러달라고들 한다. 상담사가 반품이 불가한 사유를 아무리 친절하게 20분 동안 알려줘도 반품해야겠다 생떼를 쓰다가 결국 상급자를 바꾸라고 한다.

상급자라고 딱히 다르지 않다. 매뉴얼이 있고 정책이라는 게 있으니 상급자도 상담사와 같은 말을 들려줄 수 있을 뿐이다. 그런데 상급자가 똑같은 내용을 말하면 갑자기 고분고분해지는 고객들은 생각보다 많다. 상대방이 권위가 없으면 생떼를 쓰고 권위가 좀 있어 보이면 그때는 말을 듣는다는 게 참 알다가도 모를 일이다.

AI가 어디서나 화제다. 상담사들도 그런 이야기들을 주고받고는 한다.

"고객이 뭘 좀 해달라고 하면 그저 '네 알겠습니다' 한마디만 하면 될걸, 왜 자꾸 안 된다 안 된다 토를 달아요?"

이렇게 화를 내시는 고객님들은 얼마나 많은지. 그래서 상담사들은 이런 고객들에게는 차라리 AI가 답을 해주는 편이 낫겠다고 이야기하곤 한다. AI 상담은 고객이 AI한테 맞춰주지 않으면 불친절하게 말해도 되지 않을까 상상하면서 말이다.

"고객님, 무슨 말씀이신지 모르겠어요. 이만 상담을 종료하겠습니다."

하루 8시간
3개월 이상 버틴 상담사의 1년

그냥 '상담사의 1년'이라고 쓰면 될걸, 왜 '3개월 이상 버틴 상담사의 1년'이라고 썼지, 그게 필요한 말일까, 몇 번 생각하고 고쳐도 봤는데 다시 생각해봐도 역시나 필요한 말 같다. 상담사로 3개월 이상 버텼다는 것은 1년 이상 근무해서 퇴직금을 받을 가능성이 현저히 높아졌다는 것을 의미하기 때문이고, 3개월 이상 버틸 만큼이면 관리자들도 슬슬 이 상담사가 1년은 버틸 수 있겠구나 생각하게 된다는 의미이기 때문이다.

감정노동의 특이한 점은 정말 많은 사람이 빠르게 스쳐 지나가는 업종이라는 데 있다. 그래서 사람 때문에 힘든 일이 많다. 지금까지 고객들 이야기를 주로 했지만 콜센터에서는 고객에게 치일 뿐만 아니라 관리자에게도 치인다. 그러니 상담사는 고객, 관리자, 회사, 그 누구와의 관계에서도 을일 수밖에 없다. 그 사이에서 이리저리 짓눌리는 기분은 말로 표현하기 힘들 만큼 괴롭다.

상담사들은 회사에서 시키는 대로, 스크립트대로, 언제나 고객을 중심으로 대화하는 법을 익힌다. 그래서 갈수록 자신을 주어로 삼은 문장을 만드는 걸 힘들어하게 된다. 나는 무엇을 원한다, 나는 이렇게 생각한다, 나는 어떤 기분이다, 이렇게 말하는 것이 갈수록 힘들어진다.

이런 상태가 계속되면 깊은 우울감에 빠지기도 한다. 그리고 무슨 일에서건 자책하게 되는 경우도 많다. 이런 감정을 이겨내지 못하는 내가 잘못된 건가, 다른 사람들은 다 잘 사는 것 같은데 왜 나는 그렇게 못할까, 이런 식으로 좋지 않은 감정들이 연쇄 반응을 몰고 온다.

블루투스 이어폰을 샀는데 페어링을 할 줄 모른다는 고객이 어떻게 하는 건지 알려달라며 전화를 건다. 안타깝게도 마침 전화를 받은 상담사 역시 블루투스 이어폰을 사용해본 적이 없다. 그럼에도 상담사가 고객에게 "저도 모르는데요" 할 수는 없는 노릇이다.

상담사는 상품설명서 내용을 읽으면서 한번 따라해보시

겠느냐고 말해본다. 고객이 설명대로 제대로 따라 하고 있는지 상담사로서는 알 길이 없다. 상담사가 하라는 대로 했는데도 제대로 작동이 안 되면, 고객은 상담사의 응대가 부족해서, 제대로 설명해주지 않아서 페어링이 안 되다며 더 화를 낸다.

내용을 잘못 전달했다든지, 잘 모르면서 설명했다든지, 상담 내용이 모자랄 수도 있을 것이다. 그런 거라면 상담사도 고객에게 적잖이 미안해한다. 그러나 그런 일에 비아냥이 뒤따르고 오래도록 이어진다.

"네가 그러니까 콜센터 같은 데서 일하지."

그런 후에 상담 평가에 '불만족'을 찍는다. 관리자에게도 이 통화 내용이 전달되고, 관리자는 관리자대로 상담사의 응대가 부족했다며 한마디 덧붙인다. 고객에게 좀 더 잘 설명해주지 않았다는 것이다.

상담사도 블루투스 이어폰을 사용해본 적이 없어 설명서 내용을 읽어주며 안내할 수밖에 없었다는 점, 고객이 설명서를 읽지도 않고 상담사에게 역정을 냈다는 중요한 지점은 무시당한다.

그렇게 상담사가 주어가 되는 문장은 하나도 없는 잔소리가 '업무 피드백'이라며 주어진다. 상담사는 고객과 상급자, 두 방향에서 오는 질책을 반복해서 받으며 자기 자신을 희미하게 만든다.

슬픈 것이, 이런 상황을 겪다 겪다 상담사들은 자책을 하게 되는 것이다. 상황이 이러이러해서 내가 견딜 수 없다는 생각으로 끝나도 좋을 텐데, 거기서 한 발 더 나아가 내가 견딜 수 없는 것은 내가 부족한 탓이라는 식으로 생각하는 경우가 너무나 많다. 그리고 그러한 이유로 퇴사한다. 그럴 때마다 못 버틴 당신이 나쁜 것이 아니라 못 버티게 만드는 환경이 나쁜 거라 상담사들에게 말하지만, 이미 단단히 자책하고 있는 사람 마음에 그런 이야기가 얼마나 가볍게 들릴지는 나도 충분히 짐작한다.

그런 식으로 사람 몸과 마음이 갈려 나가는 것이 3개월이면 충분히 이루어진다. 정확히는 입사한 지 한 달이면 절반이 퇴사한다. 특별히 일이 쉽다고 알려진 회사가 아닌 이상 어느 콜센터를 가나 근속률은 비슷하다.

입사한 지 일주일쯤 지나면 고객도 힘든데 관리자도 힘들다며 입사 동기들끼리 모여서 불만을 토로하는 장면을 볼 수 있다. 첫날부터 힘들다는 사람도 많다. 하루 여덟 시간 동안 남의 우는 소리, 화난 소리를 듣는 게 쉬운 일이 아니다. 그러니 관리자가 이해심을 발휘하지 않는다면 상담사들은 입사하자마자 저 '블루투스 페어링 통화' 같은 억울함을 하루하루 마음에 축적하고 있을 것이다.

상담사의 고충, 우울, 자책이 고객만의 탓일까. 물론 대부분 원인은 고객에게서 온다. 어떻게든 진상답게 행동하고 어떻게든 상담사를 모멸하는 사람들이 있다. 그러나 이런 건이 보고되었을 때 관리자나 상급 부서에서 상담사의 입장을 이해해주면 좋을 텐데, 그렇게 노력하고 있다는 마음만이라도 느껴지면 좋을 텐데, 오히려 각박하게 굴 때가 많다는 점도 상담사를 힘들게 한다. 고객 클레임으로 괴로워하는 상담사들의 문제를 '내 팀에서 문제가 좀 안 생기면 좋겠는데 쟤가 자꾸 실수를 하네' 하는 식으로만 여긴다.

"고객이 빨리 배송 받길 원해서 업체 측에 긴급 배송을 요청했는데 업체 측에서 불가하다고 해서 그 내용으로 고객에게 양해를 구한 것뿐인데 고객이 화를 냈습니다."

상담사는 갈수록 이렇게 자신을 옹호하는 말을 할 기력도 잃어간다. 이 문장은 관리자의 입에서 주어를 바꾼 문장으로, 상담사를 적당히 두들겨 패기 좋은 방망이로 바뀐다.

"고객이 원한 건 빠른 배송이잖아. 그냥 그렇게 되도록 노력해보겠다고 하면 됐잖아."

틀린 말은 아니다. 그런데 상급자들도 이런 일을 경험해봤을 테고 상담사 입장에서 어떤 사유로 이렇게 판단했는지 모를 리가 없다. 그러나 알아도 모른 척하는 경우가 많다. 이런 일 또한 쌓이면 쌓일수록 상담사는 심리적으로 흐릿해지고 지쳐간다.

신입이라면 이런 일이 일주일이면 벌써 몸 안에 묵직한 돌덩이가 내려앉은 것처럼 기분이 무겁고 우울하다. 그리고 그런 사람들끼리 모여서 이야기를 나누다 보면 견딜 수 없는 감정이 눈덩이처럼 불어난다. 그래서 그렇게 일주일이 지나면 벌써 몇 명은 무단으로 퇴사하는 것이다. 정말 아무 통보 없이 안 나온다. 예의가 조금이나마 있다면 관리자에게 카톡 한 줄은 남기고 '탈주'하는 사람도 간혹 있기는 하다.

그렇게 일주일 만에 두세 명이 시원하게 빠져나간 다음 남은 사람들은 각자 근무하는 팀에서 슬슬 같이 다니는 친한 동료를 몇 만들기도 했을 것이다. 혹은 아예 각개전투를 선호하는 타입으로 센터 내에 이미 유명해져서 다른 사람과 마주치지 않고 자기만의 길을 가는 것으로 굳어진 사람도 있을 것이다.

한 달이 되면 팀 분위기에 적응하다 트러블에 말려드는 경우도 있고, 결국 적응에 실패하는 경우도 있다. 어딜 가나 남 이야기를 즐겨 하는 사람은 많고 콜센터도 사람이 많이 모이는 곳이라 분위기를 주도하는 사람들 성향에 따라 집단의 특성이 달라진다. 타인의 험담을 일삼는 사람이 집단의 분위기를 주도하기도 하고 팀의 기둥이라 할 만한 고참들 성향이 평화로워서 험담을 즐겨하는 사람이 큰 목소리를 내기 힘든 경우도 있다.

말 많은 사람이 주도권을 가진 팀이라면 관리자에 대해서도 좋지 않은 말을 주고받는다. 그게 업무 시스템 불신으로 이어진다. 시스템 자체는 당연히 허점이 있다. 그런데 여느 회사가 그렇듯 관리자는 얼굴 보면서 함께 일하는 사람이다. 허물이 있더라도 그것을 마음속에 오래 담아두었다가는 오래 근무하기가 힘들어진다.

이런 분위기가 만들어진 팀에서는 다들 상사가 싫다, 사람이 싫다는 이유로 입사한 지 얼마 안 된 사람들이 자꾸 그만둔다. 유독 퇴사가 잦은 팀의 팀원들과 면담해보면 불만 여론을 주도하는 사람이 있고, 그 사람이 만드는 네거티브한 분위기가 신입들에게도 영향을 미친다. 일에 적응하고 일을 숙지하기도 전에, 일을 함께 하는 사람들을 싫어하게 만드는 것이다. 팀의 어떤 분위기를 참지 못하거나 그 분위기에 너무 취해서 사람을 미워하게 되어버린 안타까운 경우다.

그래도 그 한 달이면 아직은 상담사들이 업무에 적응하

고 있는 시점이다. 조금 여유가 있는 회사라면 적어도 3개월까지는 신입이라고 생각해주는 분위기가 있다. 그렇지 않고 거의 매달 한 번씩 사람을 뽑는 데다 경력직 중심으로 채용하는 회사라면 고용 불안정이 극도에 달하고 응대 난이도가 높아서 신입은 뽑기도 힘들다는 뜻이니, 이런 곳에서는 한 달 정도 지나면 "이제 신입이라는 이름표는 떼셔야죠" 소리를 듣는다.

 두 달쯤에 접어들면 상담사들은 두 달에 다섯 번은 바뀌는 업무 규정에 질리게 된다. 어느 콜센터나 마찬가지 상황이다. 가령 한 고객이 같은 건을 문의하려고 여러 번 전화를 하면 처음 전화를 받은 사람이 일을 신속하게 처리하지 못한 것으로 간주해서 그 상담사에게 감점을 하는 제도가 있다. 그런데 일주일 전까지는 한 고객이 같은 건으로 세 번 이상 전화하면 처음 전화 받은 상담사에게 감점할 거라고 하더니, 오늘부터는 갑자기 두 번 이상 전화하면 감점하겠다는 공지가 내려온다. 또 하루에 고객 민원 처리 건수가 세 개 이상이면 감점이 없다더니 한 달 지나서는 '일일 민원 처리 건수: 7건 이상(평일 기준)'이라고 규정이 바뀐다. 어제까지는 10초 이상 묵음이 지속될 것 같으면 "잠시만 기다려주시겠습니까"라고 양해를 구해야 한다더니 오늘은 같은 멘트를 하고 나서도 10초 이상 묵음이 발생하면 안 된다는 조건을 내건다.

'이 회사는 어제는 이렇게 하라고 했다가 오늘은 또 왜 저렇게 하라고 야단이지?'

같은 건을 두고 몇 번씩 바뀌는 규정이 헷갈려서 실수를 하고, 그런 이유로 혼이 난다.

'맨날 이랬다 저랬다 하는 걸 보면 회사가 상황이 안 좋은가 보지?'

회사 자체의 안정성에 대한 불신 또한 강해진다. 이쯤 돼서 퇴사하는 경우도 많다. 2개월쯤 되면 회사 돌아가는 것을 알게 되고, 거기에 환멸을 느끼고, 나간다.

그러니 3개월이다. 회사 돌아가는 것도 이만 하면 대충 알겠는데 그런 회사에서 어느 정도 버텼고, 고객 응대도 괴로운데 그걸 또 참아가면서 매일매일 회사를 나왔고, 사람들끼리 서로 뒷말하는 분위기도 피곤한데 억지로 웃으면서 넘어갔다.

어떤 직장이건 어느 회사원이건 3. 6. 9 법칙이라고 해서 그 시기쯤에 한 번씩 퇴사가 간절해진다던데 콜센터도 마찬가지일까. 그 첫 고비를 넘은 사람은 그래도 기왕 이렇게 된 거 1년은 채우고 퇴직금 받겠다는 것을 목표로 삼고 조용히 회사에 나온다. 그래서 관리자들도 3개월 넘은 사람이라면 그제야 자기 팀원으로 보인다는 말을 하기도 한다. 회사에 따라 입사 후 3개월까지를 아예 수습기간으로 정하는 데는 이런 현실적인 이유도 포함되어 있을 것이다.

그리고 6개월, 9개월, 12개월…, 이 과정이 반복된다. 고객에게 치이고, 관리자를 미워하기도 하고, 회사의 불안정한 방침에 불만 반 불안 반을 느끼면서 침묵하기도 하고….

이 과정을 여러 번 반복한 상담사의 1년은 이미 떠난 동기들을 생각하면서 한두 명 남은 사람끼리 가끔 연락을 하고, 먼저 떠난 동기들이 현명했다며 투덜거리기도 하면서, 어쨌든 남아 있는 자신의 오기를 내심 칭찬하기도 하는 시간의 반복이다.

그 반복이라는 게 어떻게 의미가 없겠는가. 단순 업무를 반복하는 것 같아도 모든 통화가 다 다르다. 반복할 때마다 다 다르게 다가오는 감정들을 소화해낸 상담사의 1년은 생각보다 단단한 시간이다. 그것은 사람이 본능적으로 느끼는 수많은 환멸을 이겨낸 과정이다. 돈 때문이든, 정든 친구들 때문이든, 경력을 위해서든, 어떤 이유로든 이 모든 걸 고스란히 감내한 사람들이 오늘도 콜센터로 출근을 한다.

2부

봄,
선물의 시절

내가 유통사 콜센터에 처음 입사한 건 앞에서 언급했다시피 4월이었다. 봄에서 여름으로 넘어가던 그 4월에는 봄의 짧은 끝자락만을 맛봤을 뿐, 유통사 콜센터의 진짜 봄을 겪은 것은 아니었다. 1년이 더 일하고서 다시 봄이 돌아왔을 때, 그때 나는 콜센터의 진짜 봄을 맛봤다.

콜센터의 봄이 왜 그렇게 최악이냐, 새 학기가 있기 때문이다. 그리고 졸업을 하기 때문이다. 대학은 그래도 9월에 졸업하는 경우도 있다지만 졸업과 새 학기가 이어지는 봄 시즌에는 선물 주문이 그렇게 많다.

그리고 대부분 졸업, 새 학기라는 것은 소수의 만학도를 제외하면 젊은이들이 주인공으로서 경험하는 이벤트가 아닌가. 그러니 그런 주인공들에게 선물을 주는 쪽에서도 받는 사람 연령대를 고려해 새 출발을 축하하는 의미에서 그럴듯한 선물을 주려고 고심한다.

그래서 높은 확률로 당첨되는 선물이 고가의 가전제품이다. 노트북 판매 이벤트가 가장 많이 열리는 시기가 봄이고 스마트폰과 태블릿PC, 게임기가 특가 할인, 패키지 판매 구성 등으로 고객들에게 가장 많이 노출되는 시기가 바로 봄이다.

그게 왜 문제란 말인가. 문제다. 이런 상품은 택배 배송을 하지 않는 경우가 많다. 요즘에는 소셜커머스에서 구매하면 택배로 배송하는 상품도 있기는 한데, 삼성이나 엘지 같은 대형 가전업체에서는 상품을 구매하면 기사가 직접 배달하는 곳이 꽤 많다. 이 배송 기사들은 대개 삼성이나 엘지에 직접 소속된 것은 아니고 물류센터 소속으로 거기서 급여를 받는 사람들이다. 지역별로 물류센터가 있어서 거기서 상품을 대형 화물차에 넣어 출고하면 차를 몰고 온 기사가 각 지역별로 상품을 배달하는 방식이다.

이때 상품은 고객과 직접 만나 전달하는 대면 인수가 원칙인 경우가 많다. 대체로 고가에 속하는 물품이고, 냉장고나 세탁기 같은 가전에 비해 비교적 가볍고 작으니 도난, 분실 우려도 그만큼 높아 그냥 놓고 올 수도 없는 상품이기 때문이다.

배송 기사가 배송을 앞두고 고객에게 통화를 시도한다. 기사의 배송 코스에 따라 대략 언제쯤 도착할지 알려주고 그때 대면 전달이 가능한지 묻기 위함이다. 그러나 모르는 번호라서, 벨소리를 못 들어서… 무슨 사정이 있는지는 몰라도 고객이 전화를 받지 않는다. 고객과 연락이 되지 않는데 물건을 놓고 올 수 없다. 전화를 안 받으니 배송지에 고객이 있는지 없는지도 모르면서 배송을 요청한 장소까지 상품을 가지고 올라갈 이유도 없다. 그렇게 인수 자체가 결렬된다. 다른 말로 하면 고객은 원하는 시간에 배송을 받지 못했다는 뜻이다.

이제 고객은 고객센터에 전화를 한다. 기사가 전화한 줄도 몰랐다, 험한 일이 밤낮없이 벌어지는 세상이라 모르는 번호로 전화가 왔길래 안 받았을 뿐이다, 그렇다고 주문한 상품을 안 보내주면 우리 애가 언제 학교 과제를 하고 언제 인터넷 강의를 듣느냐, 날짜 맞춰 보낸 선물인데 제 날짜에 받지 못했으니 어쩔 거냐… 화를 낸다.

요구사항은 한결같다. 기사를, 물건을 당장 다시 보내라는 것이다. 그러나 택배가 아니라면 유통사 고객센터에서는 배송 기사 연락처를 모른다. 혹시나 이런 일이 생길지도 모를 독자들을 위해 한 가지 알려드리자면, 정말 모르는 경우가 많다는 사실이다. 콜센터에서 가전업체에 전화해서 기사 연락처를 문의해도 연락처를 잘 알려주지 않는다. 기사는 몸이 하나고 물류는 여러 개고 고객과 연결을 해줘도 시간 약속을 하기가 힘드니, 차라리 기사에게 연락이 안 된다고 하는 편이 유통사 콜센터나 가전 물류 콜센터나 서로 낫지 않냐는 이유다.

뭐, 틀린 이야기는 아니다. 지키기 어려운 약속은 안 하는 게 차라리 낫지 않나. 지금 당장 배송해달라는 불가능한 요구를 굳이 기사에게 전달하느니 물류센터에서 고객과 다시 통화해서 배송 날짜 약속을 새로 잡는 게 낫다는 말이 틀린 건 아니지 않나.

그런데 이 발상의 가장 큰 허점은 그러는 동안 물건을 판매한 유통사 고객센터 상담사들이 고객의 분노를 온몸으로 받고 있어야 한다는 점이다.

두 번째 문제는 또 있다. 선물로 가전을 사는 고객 중에는, 요즘은 연령대가 적당히 낮아져서 상품 스펙을 따져보고 직접 구매하는 경우도 늘었다지만 그렇지 않은 고객이 여전히 많다. 자녀든 친척이든 지인이든, 새 출발을 하는 이들에게 선물을 하는 마음은 참 다정하지만 그래서 '실수 구매'가 많다.

그리고 하필 노트북이나 PC, 태블릿PC 같은 제품은 포장을 개봉하기만 해도, 개봉 스티커만 훼손되어도 제품에 하자가 있지 않는 한 교환도 반품도 불가하다. 이건 그래서 판매자가 판매 규정 등에 아주 강조해서, 다급해 보이는 문장으로 표시해서, 구매 전에 미리, 거듭 확인하도록 알리는 사항이다. 그럼에도 불구하고 잘못 샀으니 환불해달라고 요구한다. 그리고 그런 요구는 다 물건을 판매한 유통사 콜센터로 온다.

'실수'에는 높은 빈도로 OS(운영 시스템) 미설치 상품이 포함된다. 예를 들어 노트북을 하나 사서 선물하려고 이것저것 살피다가 같은 모델 중에서도 유난히 싼 게 있길래 '이거다!' 하고 주문해서 받아보니 전원을 켜도 윈도우 로고가 나오지 않는다…. 이거 불량 아니냐며 문의하는 전화가 그래서 수도 없이 걸려온다.

유통사 콜센터에서 오래 근무한 상담사라면 외운 것처럼 기계적으로 "OS를 직접 구매해서 설치하셔야 한다"고 응대한다. 그러면 고객은 어디서 다같이 배워서 전화 건 사람들처럼 화를 낸다.

"그걸 사서 설치할 것 같으면 더 비싼 걸 샀지 왜 이걸 샀겠어요!"

'그러게요.' 상담사도 속으로만 맞장구친다.

이런 건은 분명 구매자 잘못이고 판매 규정에도 이미 고지되어 있으니 큰 클레임은 되지 않는다. 상담원 입장에서도 딱히 해줄 수 있는 게 없다. 매뉴얼 스크립트대로만 대응하면 된다. 그렇다고 이런 건이 사소하고 만만한 건 아니다. 이런 내용으로 걸려 오는 전화 대부분은 자기 불만을 줄줄 늘어놓으면서 장시간 동안 상담사를 지치게 한다.

큰돈 들여 선물을 사서 보냈는데 받는 사람이 기뻐하지 않는 난감한 기분. 이 억울함을 풀 곳이라고는 자기한테 목소리를 높일 수 없는 감정노동자뿐이라는 상황에 기인한 것일까. 멀쩡한 사람도 난리탈춤을 춘다. 이해하기 나름이기는 하다. 상담사 입장에서 굳이 이해할 필요는 없지만, 어이없지만, 이해한다는 생각이라도 하면 고객이 살짝 덜 미워 보이기도 하니까.

휴대 가전이 많이 팔리는 시즌에는 기종별로 걸려 오는 전화에 특징이 있다. 예를 들어 태블릿PC는 아이패드가 시작한 '미니와의 전쟁'을 피할 수가 없다. 고객은 태블릿PC가 하나 필요하다. 이것저것 고르다가 그중에 좀 싼 물건, 옆에

영어로 'mini'라고 쓰인 물건을 하나 샀는데 막상 받아보니 자기가 생각한 그것이 아니다. 역시 이미 포장을 다 뜯어놓은 상태. 그래도 반품해달라 왕왕 울기도 한다.

핸드폰으로 가면 색상 전쟁이 일어난다.

"오로라 색이 예쁠 줄 알고 그걸로 샀는데 지문이 너무 많이 묻어서 도저히 쓸 수가 없어요. 이런 식으로 만들면 불량 아니에요? 이건 상품 하자라고 봐야 하잖아요. 반품해주세요."

개인적인 호불호를 상품 하자로 호도하면서 화를 낸다. 전화기에 지문이 안 묻을 수가… 있나? 그리고 오로라 색이라고 지문이 더 잘 묻을 수가 있나? 이럴 때 고객에게 '그것은 당신의 취향에 달린 문제'라고 말하는 것 역시 쉽지 않다. 뻔히 화낼 걸 아는 답을 상담사는 말해야 한다. 이미 억지를 부리고 있는 사람한테 '네가 하는 말은 억지니까 이제 그만 진정해줄래?'라는 요지의 말은 아무리 친절하게 말한들 돌아오는 말에 비수가 꽂혀 있다.

구성품 문제도 있다. 아이폰을 사면 거기에 당연히 에어팟(무선 이어폰)이 함께 들어 있을 거라고 생각하고 산 모양이다. 아이폰을 샀는데 에어팟이 같이 오지 않았다고 항의하는 고객에게도 상담사는 역시 죄송하다고 기계처럼 덧붙여야 한다. 고객은 더 화를 낸다. 그렇게 홍보를 했으면 같이 끼워서 팔았어야지 그게 없으면 내가 이 핸드폰을 왜 샀겠느냐고 화를 낸다. 그걸 왜 나한테 묻나 상담사는 어이가 없지만 여전히 더 큰 피로감을 피하려고 또다시 죄송하다고 말한다. 목소리는 슬슬 안 죄송해진다.

가전 클레임이 유독 많은 시기에 상담사들이 느끼는 피로감은 커질 수밖에 없다. 상품 자체가 고가이고 교환, 반품 규정 자체가 까다로워 고객들이 변심으로 제기하는 민원에 '안 됩니다' '모릅니다'로 일관하는 방안 외에는 응대 폭이 넓지 않기 때문이다.

가전은 한번 개봉하면 반품, 교환이 불가하고 이런 상담은 구매한 곳이 아니라 가전 고객센터에 문의해야 한다고, 판매할 때부터 안내한다. 불량이라면 유통사에서 환불하는 경우도 있지만 대형 가전사에서는 서비스센터에 문의해 불량 판정을 받으면, 구매내역서 등을 메일로 전송해 가전사에서 직접 환불하는 경우도 있을 정도니 유통사에서 할 수 있는 일이 상당히 줄어든 셈이다.

그럼에도 홈쇼핑이나 인터넷쇼핑 같은 유통사에서 구매와 반품을 반복해온 고객이라면 바지는 '색상 불만'을 이유로 무료로 교환, 반품이 되는데 노트북은 왜 안 되느냐고 반문하기도 한다. 유통 구조도 다르고, 한번 배송이 나갔다가 되돌아온 바지는 검수해서 문제가 없으면 재판매할 수 있지만 가전은 박스를 열면 결코 신품과 동일하게 취급할 수 없다.

그런 제품은 아무리 상태가 좋아도 리퍼다. 멀쩡한 물건을 리퍼로 재판매하려면 가전사가 큰 손해를 감수해야 하는데 반품을 받아줄 리 없다. 간혹 가전제품 회사에서 리퍼 비용을 고객이 일부 부담하면 교환해주겠다고 하는 때가 있기는 한데, 이런 내용을 전달하면 고객 대부분은 그 리퍼 비용마저도 수긍하지 않는다. 고객들이 리퍼 비용에 항의하는 경우에 상담사들은 속으로 말을 삼킨다.

'그렇게라도 해주는 게 그 업체가 굉장히 친절하게 구는 건데 고객님은 모르시네요….'

그러니 그것이 봄이다. 꽃이 피고 지는 것도 까먹고 일하는 시기. 전화가 많건 적건 들어오는 전화 하나하나가 알찬 민원인 시기. 대부분 가전이고 대부분 고가여서 응대할 때마다 신경이 곤두선 상태를 유지하는 데다가 고객의 통화 내용도 보통이 아닌 경우가 많은 시기. 전화량이 적어도 고객들 대부분이 할 말이 너무나 많아서 통화를 길게 끄느라 다른 고객의 대기 시간이 길어지는 시기.

그렇게 고객도 상담사도 신경이 곤두선 시기를 보내고 나면 더운 여름이 온다. 봄의 민원을 견디고 나면, 여름이라는 또 다른 큰 싸움이 시작되는 것이다.

코로나와 수해가 만든
택배 대혼란의 시대

유통 계열 콜센터에서 배송 분실이나 파손, 지연으로 항의 전화를 가장 많이 받는 시기는 명절 전후, 새학기 전후 그리고 5월이다. 대개는 생필품보다는 시기에 맞춰 선물을 해야 할 때 택배로 물건을 사고 제때 오지 않는다고 항의 전화를 한다.

고객들이 예민할 수밖에 없는 것은 정해진 날까지 선물을 해야 한다는 개인 사정 때문이다. 물량이 많은 시기에는 미리 주문을 하거나 직접 매장에 방문해 물건을 구매하는 것이 훨씬 안정적이라는 이야기를 거의 모든 상담사가 한 번쯤은 안내한다. 그러나 매년 그 시기만 되면 배송 민원이 쏟아지니 고객들에게 인지의 효과를 얻지는 못하는 모양이다. 이런 안내를 하면 더 화를 내기도 한다.

"요즘 택배가 주문하면 다음 날 오는 거지 무슨 말이 그리 많아요?"

물론 이 와중에도 장군감인 상담사들이 가끔 비무장지대에 매설된 지뢰처럼 숨어 있다. 가령 친구네 센터의 신입은 '물류의 버뮤다 삼각지대'로 불리는 옥천 허브에서 일주일째 행방불명인 택배가 오지 않는다며 클레임 전화를 건 고객에게, 봄날의 햇살처럼 맑은 목소리로 "택배가 좀 늦을 수도 있죠! 그냥 시원한 거 드시고 속 푸세요!"라고 말해서 고객을 분노의 신으로 만들어버리기도 했다.

유통사로 걸려 오는 배송 문제 전화는 고객 대 택배 기사, 고객 대 택배사, 고객 대 판매자 사이에 낀 콜센터 상담사의 투쟁이다.

요즘은 앱이나 웹에서 배송 상태를 확인할 수 있는 경우도 많은데, 콜센터에 전화를 거는 고객들은 대체로 그런 환경을 활용할 줄 모르거나, 그런 환경을 알더라도 물건이 오지 않는 상태에 격분한 마음을 풀고자 전화를 건 사람들이라 이미 마음의 각오를 하고 통화를 해야 한다.

배송이 늦었다, 오지 않는다 화를 내는 고객에게 물건의 흐름과 배송 체계 같은 것을 알려줘봐야, 그래서 정확하게 따지자면 이건 판매한 회사에다 직접 물어보시는 게 맞다고 말해봐야 화를 돋울 뿐이다. 고객은 유통사에서 물건을 샀으니 유통사로부터 물건이 언제 도착할지 확인하려고 한다. 그런 고객에게 유통사 상담사는 현재 주문, 배송 상태를 일일이 상황을 파악해서 알려줘야 한다.

분류 기준은 주문 상태다. 인터넷에서 물건을 주문하고 내역을 조회하면 나오는 발송 준비 중, 발송 완료/배송 중 하는 그 상태 말이다. 아직 물건을 출고하지 않고 발송을 '준비 중'인 상태라면 물건을 발송하는 주체인 판매자에게 전화를 걸어 언제 출발하는지, 언제 도착할지 답을 얻어야 한다.

코로나 시대의 배송 민원은 대부분 이 단계에서 답을 얻었다. 워낙 출고가 늦어지는 건이 많아서다. 그러나 이런 전화가 너무 많이 와서 그런지 아예 전화를 받지 않는 판매자들이 상당히 많아졌다. 상담사들은 업체 주소를 검색해서 누가 대표로 좀 찾아가보라며 욕을 했을 정도였다.

'발송 완료/배송 중' 단계라면 판매자에게서 물건을 받아 택배사로 물건이 넘어간 것이니 이제 택배사에 전화를 걸어야 한다. 물론 전화를 걸어 12분 정도는 기본으로 기다려야 한다. 콜을 많이 받아야 실적에 반영이 되는 상담사로서는 빠르면 남들이 대여섯 콜도 받을 시간에 오직 상대가 전화 받기만을 기다려야 한다는 사실이 여간 스트레스가 아니다.

택배사로 전화하는 건 그나마 낫다. 가장 정서적인 벽이 높은 지점은 '배달 중', 택배 기사에게 물건이 넘어간 경우다. 택배 기사들은 대부분 바빠서 전화를 잘 받지 않는다. 무엇보다 콜센터 상담원들만큼 화가 많이 나 있다. 업무 환경을 생각해보면 그 많은 화에 동병상련을 느낀다.

"지금 바빠 죽겠는데 그 집만 먼저 배달할 수 없잖아요. 오늘 밤에 가요. 몇 시냐고요? 그걸 제가 어떻게 알아요. 한 10시쯤 가요."

그렇게 말하고 툭 끊어진 전화통을 잠시 바라보다가 고객에게 전화를 건다.

"예, 10시쯤… 간다고 합니다…."

이제는 고객이 노호성을 친다. 기왕 올 거 좀 빨리 오면 되지 내가 왜 그 시간까지 기다려야 하느냐고 말이다. 물론 많은 상담사가 고객이 이런 반응을 보일 줄 몰랐을 리 없다. 그러나 알고 맞는 매라고 안 아픈 것은 아니다.

여기까지는 늘 겪는 일이다. 그리고 2020년이었다. 코로나바이러스가 전 세계를 휩쓸었다. 여름이 되자 장마와 폭우가 길게 이어졌다. 그리고 콜센터로는 그만큼 많은 전화가 걸려왔다.

마침 처음 이 이야기를 쓰던 시점은 코로나바이러스로 택배 배송 물량이 많아진 2020년 6월경이었다. 코로나바이러스 때문에 많은 상품의 유통과 이동이 아예 금지되었다. 중국 특정 지역에 부품 공장을 둔 국내 가전제품 회사들은 아예 생산 자체에 차질을 빚었다.

그러니 이 시기에 가전제품을 구매한 사람들이 배송이 도대체 언제 되는 거냐며 클레임을 거는 경우가 많았다. 가전뿐 아니라 의류를 주문한 고객들도 중국 공장에서 배가 출항하지 못해 계절이 다 지난 후에 물건을 배송 받아야 하기도 했다.

답답해하는 고객에게 전화를 받고서 판매자에게 전화하면 두 달 이상 걸린다는 환상적인 답변을 주거나 아니면 아예 전화를 받지도 않았다. 두 달이 걸린다고, 판매사와 연락이 되지 않는다고, 상담사들은 다시 화가 날 대로 나 있는 고객에게 전화를 걸어야 한다.

코로나 시국은 서로서로 예민한 시기다. 상담사로서도 어떻게 해줄 게 없는 상황이다. 그런 상황을 있는 그대로 전달하면 '코로나, 코로나 말만 하면 다 이해해줄 줄 아느냐'며 고객이 짜증을 낸다. 이런 통화가 걸린 상담사는 10분 이상 고객에게 갈려나갈 마음의 준비를 해야 했다. 정말 운이 안 좋은 날은 이런 전화만 연속으로 여러 번 걸려 오기도 했다. 상담사들이 담배를 피우러 나가는 빈도가 높아진 것도 이 시기였다.

이런 상황이 차라리 편안하다는 상담사들도 있었다.

"어차피 내가 해줄 수 있는 것도 없고 그냥 죄송하다고 말하는 게 다지 뭐."

소수였지만 우리 센터에서 일하는 상담사들 중 이런 타입들은 대체로 대학 시절에도 시험 기간 맞이하는 것을 좋아했다고 하고(학교가 일찍 끝나서 좋았다고 한다), 겨울이 오면 하늘이 파래서 좋았고 용돈 벌려고 군고구마도 팔아보셨다는 등, 아무튼 뭘 해도 걱정하지 않았다는 타입이었다. 이런 타입이 과연 세상에 많냐 하면 한 팀에 한 명 있으면 축복인 정도의 빈도였기 때문에, 이 시기에 콜센터에서는 퇴사자가 속출했다.

전대미문의 전염병이 세계를 휩쓴 그때, 상담사들은 스트레스를 견디지 못하고, 관리자도 고객에게 갈려 나가는 상담사들을 하나하나 위로해주지도 케어해주지도 못했다. 그런 와중에 코로나바이러스 감염 때문에 콜센터는 상담사 사이의 거리를 띄워 배치하고 더 적은 인원을 출근시켰다. 서울 모처의 콜센터에서 집단 감염이 일어났다는 뉴스가 떠들썩하게 보도되던 그때였다.

그래서인지, 사람을 구하자고 들면 언제고 충원이 가능한 곳이 콜센터였는데 이 무렵만큼은 인원을 충원하기도 힘들었다. 퇴사자는 늘고 신입을 채용하기도 힘들고, 버티고 버틴 더 적은 인원이 더 많은 민원 전화를 받아야 했다.

여름이 되어 코로나바이러스에 설상가상 폭우와 수해가 덮치자 상황은 더욱 악화되었다. 판매자 손을 떠나 택배사 물류센터에서 물건을 분류하던 중에 폭우에 물류센터가 아예 잠겨버렸다. 물건 또한 물에 잠겨 사라지고 망가졌다. 코로나나 수해나, 둘 다 늦게 받거나 못 받는 상태라는 점은 매한가지지만 콜센터에서는 다른 종류의 악재였다.

아직 판매자가 출고하지 않은 것과 판매자에게서 배송 상태로 넘어가 유실된 건 여러모로 다른 상황이 벌어진 셈이었다. 판매자는 어쨌든 발송을 했으니 택배사에 전화해 상품이 유실된 것인지, 그렇다면 보상은 어떻게 진행되는지 물어보고 고객에게 안내한다.

운이 좋아 택배사 측에서 직접 고객에게 전화해 이런 내용을 안내한다고 하면 다행인데 유통사에서 고객에게 안내해야 한다면 유통사 콜센터 상담원은 두 번 욕받이무녀가 될 각오를 해야 한다. 전화 받을 때 한 번, 안내전화를 할 때 또 한 번.

거기서 끝나느냐, 불행히도 그렇지 않다. 당일 배송, 익일 배송에 익숙한 한국의 소비자들이 몇 달이 지나 물건을 받아야 하는 초유의 사태. 앞서도 말했지만 1을 손해 보면 100을 요구하는 사람들이 있다. 물건이 늦게 도착한 것을 '손해'라고 말할 수 있는지 잘 모르겠으나 물건을 제때 받지 못했으니 보상하라는 요구가 그렇게나 많았던 걸 보면 그렇게들 생각하는 모양이다.

내가 물건을 늦게 받은 이유가 코로나건 수해건 상관없다. 코로나바이러스가 창궐할지, 물류 허브가 침수될지 예상하긴 어려운 상황이었으니 물건을 제조한 쪽, 유통한 쪽, 어느 쪽에 더 책임이 있는지 따져 누가 얼마나 보상해줘야 하는지 정하고 이를 고객에게 설명한다. 물론 만족스럽지 못한 고객은 또 항의를 하고…. 콜센터에서 말 그대로 산전수전 다 겪었다는 상담원들도 혀를 내두른 때가 바로 2020년의 여름이었다.

택배는 생각보다 복잡한 과정을 거쳐 업체로부터 고객에게 도착한다. 어딘가의 고객일 가능성이 높은 이 책의 독자들이 그 과정을 대략이라도 머릿속으로 그려볼 수 있다면, 당일 배송이 익일에 오고 익일 배송이 그보다 좀 늦게 오고, 아니면 천재지변으로 문제가 생겼을 때 조금은 너그러운 마음이 될 수 있을까, 이 글을 쓰던 무렵에는 그런 바람을 갖기도 했다.

누구도 상상해보지 못한 이 시절, 유통사와 택배사 콜센터의 상담사들 그리고 택배 기사와 판매자들은 정말 상상 이상으로 힘든 시기를 보내고 있다.

여름,
에어컨을 제때 받고 싶다면

봄을 지나 여름, 유통사 콜센터는 여름이 진짜 싸움이라고들 한다. 여름을 진짜 싸움이라고 표현한 데는 여러 이유가 있다. 아시다시피 여름은 덥고 습하다. 어째서 해가 갈수록 최고기온은 점점 더 올라가는 것만 같고 열대야인 날은 더 늘어만 가는 것 같다. 이 시기에 사람들은 피서를 하겠다며 차라리 어딘가 먼 계곡이나 바닷가, 아예 해외로 떠나기는 해도 바로 집 앞 편의점, 마트에 생필품을 사러 나가는 것조차 꺼린다.

이 말이 역설처럼 느껴지는 상담사라면 아직 콜센터 근무를 오래하지 않아서 상식이 좀더 강하게 작동하는 것일 테다. 그것이 자연스럽게 느껴진다면 상담사로서 오래 근무했거나 아니면 이 상황을 대충 상상해볼 수 있을 정도로 공감 능력이 높은 것이리라.

그러므로 여름은 택배의 시즌이다. 집 근처 마트에도 가기 싫으니 원하는 물건을 주문하면 문 앞에 탁 놓여 있기를 바라는 시기.

그리고 무엇보다 여름은 에어컨의 시즌이다. 어느 유통 채널에서건 에어컨이 정말정말 많이 팔리는 시기, 콜센터 상담원 입장에서는 더위를 이기지 못한 고객들의 에어컨 배송 생떼에 시달리는 시기이기도 하다. 고객은 자기가 구매한 상품의 배송에 대해 독촉을 좀 할 수도 있다. 그런데 왜 굳이 생떼라고까지 표현하느냐면 도저히 불가능한 배송 스케줄을 요구하기 때문이다.

에어컨을 주문해서 받기까지 과정부터 알아보자. 고객이 구매를 한다. 판매대금이 결제되면 인터넷쇼핑이나 홈쇼핑이나 유통사에서는 가전업체에 배송 요청을 전달한다. 업체에서는 물류센터에 '배송 단계' 접수를 요청한다. 그러면 물류 담당자가 구매자 연락처로 해피콜을 한다. 즉 전화를 걸어 대략 언제쯤 배송될 예정이니 그때쯤 집에 있을지 묻는다.

이때 고객도 간단한 문의를 할 수 있다. 에어컨 설치는 전부 무료인가요, 사다리차를 써야 하나요, 배관 비용 같은 것이 별도로, 얼마나 드나요…. 이미 에어컨이 설치되어 있던 자리에 새 제품을 말 그대로 설치만 할 수 있다면 비용이 저렴하게 들거나 기본 비용, 즉 판매가에 포함된 설치비용으로 끝나는 경우가 많다. 그러나 간혹 벽에 타공이 필요하거나 실외기를 새로 설치해야 한다면 설치비용과 자재비용이 별도로 청구되기도 하므로 이 해피콜이 왔을 때 여러 가지를 질문해보는 것도 좋다.

아무튼 이렇게 통화까지 마쳤다면 물류 담당자는 그 지역 담당 기사에게 설치 건을 전달한다. 기사는 대개는 하달된 순번에 따라 배달 스케줄을 정한다. 이제 기사가 그 기간 안에 방문해 설치하면 끝. 여기까지 대략적인 유통, 배송의 흐름이다.

문제는 이 여름에 에어컨을 주문한 고객이 한 명이 아니라는 점이다. 고객들은 더위를 좀 겪고 나서야 에어컨을 주문한다. 더위를 참다 참다 '아 이제 안 되겠다' 못 견디겠어서 급히 산다는 이야기겠다. 아니면 작년 여름에 틀고 고이 모셔뒀다가 다시 틀었는데 바람이 영 시원하지 않고, 그래도 워낙 고가라 어떻게든 버텨보자 하다가 끝내 바꿔야겠다 생각했을 수도 있겠다. 이유야 어떻든 그렇다면 가격이 좀 비싸더라도 즉시 설치를 보장해주는 제품을 사야 하지 않을지. 그게 아니라 이미 더위를 겪을 대로 겪고서 에어컨을 산다면 자신처럼 더위를 견디다 견디다 주문한 고객이 이미 줄을 길게 서 있고 그 줄 맨 뒤에 서야 한다는 각오쯤은 해야 하지 않을지. 싼 걸 빠르게. 이것이 고객들의 공통된 요구다. 그러나 빠르게 받고 싶다면 조금 더 많은 돈을 지출해야 하는 게 세상의 법칙이리라.

"에어컨을 5월에 주문하면 한참 늦지. 한 8월에 받을 수도 있어."

홈쇼핑, 소셜커머스, 오픈마켓에서는 여름이면 상담사들끼리 자주 하는 말이다. 실제로 그런 사례가 발생한 적도 있다. 내가 신입으로 일한 홈쇼핑사에서 있었던 일이다. 5월에 주문하고 고객이 8월까지 상품을 받지 못해서 더워서 죽겠다며 하소연했다. 이 경우는 설치 기사가 고객에게 몇 번이고 전화를 해도 받지 않아 기사가 여러 차례 허탕을 치고 돌아가는 바람에 지연된 건이기도 한데, 고객이 그 3개월 동안 얼마나 더웠을지는 짐작이 가니 측은지심이 좀 생기게는 된다.

그래도 그렇지, 하필 그 고객의 전화를 내가 받았고, 한 40분을 화를 내는 바람에 나는 퇴근도 제때 못하고 죄송하다는 말만 반복해야 했다. 그 고객은 응대에는 만족했지만 보상은 받아야 한다고 주장했고, 상담사들도 사연을 듣고서는 인간적으로 그건 보상해줘야 한다 생각했으며, 에어컨 판매사에서 크게 보상이 나갔다. 고객보호실 팀장이 선물을 싸 들고 가서 사과하고 현금이 지급되었다더라 하는 이야기가 전설처럼 남았다. 고객은 "너네 회사 사장이 와서 사과하라"고 했었는데 과연 그 정도 선에서 만족했는지는 알 수 없다.

아무튼 이런 일이 발생하는 것이 불가능하지는 않다는 것을 상담사들은 대부분 알고 있다. 그래서 홈쇼핑이라면 에어컨 방송 스케줄만 잡혀도 경기를 일으키는 상담사들이 많다. 안 그래도 성수기라서 에어컨 판매 스케줄도 자주 잡히는데, 방송할 때마다 문의는 많고 자세하고 대답해주기도 어렵고, 실제로 그렇다고 해서 주문을 하는 경우가 많냐면 꼭 그런 것은 아니고. 어떻게 된 건지 대한민국은 여름이 너무나 길어서 고객들의 더위 섞인 습한 짜증을 상담사들도 오래오래 듣고 있어야 한다.

어느 고객이 기사와 배송 관련으로 한바탕하고는 고객센터에 전화를 걸었다. 기사를 징계해달라고 했다. 나한테 설치 기사 연락처를 넘기길래 통화를 했다. 기사는 자기 혼자 하루에 설치할 물량이 얼마나 많은데, 설치가 몰린 지역도 아니고 좀 떨어진 먼 지역에서 그날 안으로 방문해달라고 자꾸 독촉을 하니 안 그래도 바쁜데 도무지 견딜 수가 없어서 언성을 높였다고 했다.

더위에 못 이겨 날카로워지는 고객 마음도 이해는 가지만 기사도 인간으로서 도저히 소화할 수 없는 요구를 매일 받으니 역시 부드럽게 응할 수가 없었을 것이다.

기사들은 늘 과로에 시달린다. 여름은 덥고 습하다. 그리고 역시 말했다시피 밖에 나가지 않으려는 고객들이 생필품을 많이 주문하는 철이다. 더욱이 무거운 음료와 물 배송이 많다. 2리터짜리 여섯 개 들이 생수 한 팩은 12킬로그램이다. 여름이라 물을 많이 마셔서 그렇겠지만 이런 번들을 몇 개씩 한꺼번에 배송시킨다. 2020년에는 코로나바이러스 때문에 이런 무거운 생필품 배송 건수도 몇 배는 많았고, 한 번에 주문하는 물량도 전보다 훨씬 늘었다.

배송이 3일째 오지 않는다고 고객이 항의 전화를 한 적이 있다. 그 지역 대리점에 전화했더니 대리점 기사 세 명이 쓰러져서 지금 한 명이 광역 배달을 하고 있다고, 그래서 많이 늦어지고 있다고, 좀 더 기다리셔야 한다고, 죄송하다는 말을 전해달라고 했다. 배송 기사가 직접 고객에게 사과 전화를 하나하나 돌릴 수 있다면 좋았겠지만 거기서도 그럴 만한 사정이 안 되는 것이리라.

　불쾌지수가 솟구쳐서인지 콜센터에 항의 전화가 빗발치는 여름. 상담사들은 어렵게 보내고 있다. 고객에게 너만 덥냐 나도 덥다고 말하고 싶은 것을 목구멍 밑으로 눌러가면서, 심지어 이제는 마스크까지 끼고 자기 숨결의 습함을 느끼면서. 그러니 제발, 에어컨은 미리미리 사두시길, 급하면 가까운 매장을 찾아가시길.

당신의 주소는 실존합니까

내가 신입으로 콜센터 상담원으로 일한 홈쇼핑 이야기를 해볼까 한다. 홈쇼핑 상품을 전화로 주문하는 방법은 크게 두 가지다. 첫째는 ARS 자동주문, 둘째는 상담사와 통화해 주문을 접수하는 방식이다. 대부분 홈쇼핑에서는 ARS로 주문하면 가격 할인 같은 혜택을 제공한다. 상담사를 통하지 않은 주문이라면 인건비가 절약되기 때문이다.

그런데 ARS 주문에 대해서 많이들 궁금해하는 것이 있다. 주소는 어떻게 입력하느냐는 것이다. ARS 주문을 선택하면 대개는 이런 안내 멘트가 송출된다.

"삐- 소리가 나면 주소를 말씀해주시고, 말씀이 끝나면 별표를 눌러주세요."

그렇다. 고객은 자신의 주소를 녹음 파일로 남기는 것이다. 그러면 그게 음성 인식 시스템을 통해 음성이 텍스트로 자동으로 전환되어 전산에 입력이 되느냐. 아니다. 안타깝게도 상담사들이 나중에 녹음을 듣고 전산에 주소를 입력한다. 사람 말을 듣고 자동으로 주소를 입력해주는 그런 첨단 시스템은 아직까지 콜센터에는 없다. 그러니 말인데 대충 말해도 된다고 생각했다면 금물이다. 당신의 녹음 파일이 당신의 물건을 미궁에 빠뜨린다.

차라리 상담사와 통화해서 주문하는 중이라면 좀 낫다. 헷갈리면 상담사가 다시 물어보기 때문이다. ARS 자동주문은 오직 상담사 자기 자신과의 싸움이다. ARS로 주문 접수한 건을 듣고 상담사가 배송지를 잘못 입력해 고객 클레임이 발생하는 경우가 왕왕 있다.

이럴 때는 고객이 녹음한 주소지 파일을 관리자들이 재생해 청취한다. 그런 후에 고객은 주소지를 정확히 말했음에도 상담사가 입력을 잘못했다면 상담사에게 패널티를 부여한다. 물건은 다시 배송해야 한다. 그러려면 배송비가 발생한다. 최악은 하필 변질되기 쉬운 신선식품을 잘못 배송하는 경우다. 그 물건을 폐기하고 재출고하는 것만이 답이라면 배송비뿐 아니라 상품 비용도 추가로 발생한다.

주소 입력을 잘못 처리한 상담사는 감봉이다. 하지만 짐작하겠지만 상담사가 배송지를 잘못 입력하는 건은 드물다. 잘못 입력하면, 그래서 배송이 잘못되면 패널티를 받고 감봉을 받으니 상담사들도 꼼꼼하게 확인한다.

고객들도 같은 마음이라면 좋으련만, ARS에 음성으로 주소를 남기는 고객의 8할 정도는 자기 주소를 제대로 말하지 않는다.

'강서구 ○○동 ○○아파트 ○동 ○○○호.'

자, 주소를 이렇게 입력하면 꽤 정확하다는 생각이 드는가요? 아니다. 이 녹취를 들은 상담사는 이 강서구가 서울에 있는지 부산에 있는지 알 수가 없다. 그렇다. 강서구는 서울에도 있고 부산에도 있다. 물론 동 이름이나 아파트 이름을 보고 추측할 수는 있지만 그냥 주소를 입력하는 경우에 비해 시간이 몇 배는 걸리는 것이다.

마찬가지로 광역시도를 말하지 않고 노원구라고만 말하면 서울인지 대구인지 역시 알 수가 없다. 모래내시장? 서대문구 남가좌동인가요, 아니면 인천 구월동 쪽 재래시장을 말씀하시나요? 도로명주소도 마찬가지다. 북성로라고 입력하셨던데 경상북도 경주인가요, 경상남도 창원시 마산회원구인가요?

"장기동이라고 하면 보통 다 오는데!"

고객님, 화내지 마시고 경기도 김포시인지 인천광역시인지 말씀해주실래요?

"우리 집은 송정이다. 그렇게 말하면 다 안다."

이 말씀도 제가 충분히 이해는 하는데 그래서 서울 강서구 송정역 일대인가요, 서울 광진구 쪽 세종대 근처에 있는 송정동인가요 아니면 경기도 광주시 송정동인가요 그도 아니면 광주광역시의 송정동인가요?

"연희동으로 보내주세요."

네, 연희동은 서울에도 있고 인천에도 있는데 그 부분을 수줍게 숨기고 싶으시다면 적어도 서대문구인지 서구인지라도 알려주시겠습니까?

논현동은 차라리 양반이다. 서울 강남에만 있는 게 아니라 인천에도 있다는 정도는 아는 사람이 있기는 하고, 논현동 앞에 강남이라는 말을 붙이기를 좋아하는 사람이 많은 만큼 그 유명한 강남 논현이 아니라는 사실을 강조하려고 인천이라는 지명을 먼저 붙이는 사람이 많기 때문이다. 원당동? 경기도 고양시에 있는 원당동은 인천 서구 원당동과 직선거리로 13킬로미터 정도만 떨어져 있다.

이 좁은 땅덩어리에 어쩜 그렇게 똑같고 비슷한 지역명

이 많은지 탓하기도 하지만, 요는 모든 주소는 처음부터 끝까지 제대로 말을 해야 한다는 것이다. 그마저도 시, 군, 구 빼고 동부터 시작하는 고객도 있다.

도로명주소와 지번주소를 혼용하는 경우도 다반사다. 가령 서울역사박물관은 도로명 주소로는 서울 종로구 새문안로 55, 지번 주소로는 서울 종로구 신문로2가 2-1인데 이 주소를 새문안로 2-1이라고 말하는 케이스다. 그럼 어디로 가느냐? 당신도 모르고 나도 모른다.

서울역사박물관처럼 별도로 검색이 가능한 건물명이라도 있으면 양반이다. 단독주택이라면? 건물명이 검색되지 않는 작은 노후 빌라라면? 답이 없다. 저번에는 입력된 주소가 하도 미심쩍어 고객에게 확인 전화를 걸어도 보았는데 연결이 되지 않는 데다 명절을 앞두고 선물세트 배송이 늦어지게 할 수도 없는 노릇이라 고객이 남긴 주소를 검색해보니 건물이 없는 지역이었다. 내친 김에 구글 로드뷰에서 검색해보니 그 주소에는 정확히 반쯤 뜯어진 비닐하우스가 나왔다. 집인가 보다 하고 입력해주었다.

배송에 필요한 건 주소만이 아니다. 당연히 수취인의 이름과 연락처도 필요하다. 주소를 엉망으로 부르는 고객들은 나머지 정보 역시 정확히 기입하지 않는다. 전화번호를 입력하는 난에 02-010-1234-5678로 입력하는 경우는 많다.

여기까지 읽고 그런 생각을 하는 이들도 있을 것이다.

'그래, 어휴, 노인들이 전자기기 사용이나 ARS 녹음 같은 게 익숙하지 않으니까 번호를 잘못 누르고 잘못 입력하나 보네.'

아니다. 나는 89년생인 고객이 전화번호를 031-010-1234…로 입력한 건도 보았고, 자기 집 주소지를 동부터 말한 데다 번지수도 다 틀리게 녹음한 젊은 고객의 주문도 여러 건 처리한 적이 있다. 주소지를 확인하기 위해 전화를 걸면 다 말해줬는데 뭘 다시 확인하려고 전화했느냐며 화부터 냈다. 놀랍지 않았다. 그 모든 잘못된 정보를 굉장히 확신에 차서 자신 있게 말한 녹취였기 때문에 듣는 시점부터 이 결말까지 충분히 예상되었다. 심지어 이런 사례가 드물다고 말하기도 힘들다.

이름? 주소는 멀쩡히 말하지 않아도 자기 이름 정도라면 그래도 제대로 말하지 않을까 생각하겠지만, "삐 소리가 나면 이름을 말씀하시고 우물 정 자를 눌러주세요"라는 안내 멘트가 송출된 후 갑자기 영혼을 잃는 고객은 생각보다 많다. 거기에는 갑작스럽고 어두운 침묵만이 존재한다. 운이 좋아서 주소를 전부 정확히 말했더라도, 이름을 말하는 순간에 갑자기 길고 긴 묵음이 흘러 결국에는 ARS 기기가 더 이상 녹음을 할 수 없어 강제로 종료된 녹취 파일도 대다수다.

이미 강조한 이야기를 다시 해서 미안하지만 이것은 연령이 아니라 의지의 문제다. 아니면 이렇게 말로 표현하기 민망하고 애매한 사람들을 대량으로 찍어내는 공장이 산둥반도 어디쯤에 있는지도 모른다.

나는 예전에 주소 녹음 파일에서는 "다시는 ○○홈쇼핑 이용 안 해! 전화 연결도 안 되고 당신들 뭐하는 거야!"라는 일장 연설의 일갈을 들었다. 주소를 말하라는데 다시는 이용 안 한다는 말만 있고 배송할 곳도 모르니 나도 어쩔 수 없네! 신나서 주문을 취소해주려던 중에 이름 녹음 파일을 들었더니 거기에 주소를 녹음해두었다. 심지어 틀린 주소여서 확인차 주문자에게 전화를 했다. 다섯 번 만에 통화가 됐는데 나는 다 이야기해준 것도 제대로 받아 적지 못하는 모자란 사람 취급을 받으며 그의 주소를 입력해주었다. 이 사람과 입씨름하느라 칼로리를 태우고 싶지 않아 미안하다는 말을 남겼다.

거듭 말하지만 상품을 주문해서 받겠다고 한다면 고객도 받을 준비는 되어 있어야 한다. 이 모든 정보가 잘못 기재재어 있어도 상담사는 고객에게 몇 번이라도 전화해 확인하도록 되어 있다. 이는 주문자 고객을 위해서이기도 하고, 상담사의 진정한 고객인 회사 측의 손해가 발생하지 않도록 하기 위해서이기도 하다. 주문자와 회사, 두 고객을 보호하기 위해 상담사는 말 같지 않은 녹취 파일을 끌어안고 씨름한다. 그러니 누구든 평소에 내 집 주소 정도는 정확히 외운 상태에서 살았으면 좋겠다. 그 주소가 길면 얼마나 길겠는가.

가을,
미리 사세요. 직접 사세요, 제발

여름의 생필품 택배 대란, 냉방기구 배송 대란으로 골머리를 썩고, 장마철 배송 지연까지 한 번 더 난리가 나고서, 뙤약볕 아래에서 여름의 끝자락을 버티던 배송 기사들이 하나둘 건강에 탈이 나는 그 시점, 9월에 접어들면 가을이 된다.

9월, 또 새 학기를 맞이하여 또다시 선물 대란이 일어난다. 그래도 3월에 비하면 미미한 편이다. 봄을 이미 겪은 상담사들은 웃으며 코로 전화를 받을 수 있다. 9월의 진짜 대목은 따로 있다. 명절 전후다.

홈쇼핑 콜센터를 예로 들어 설명을 해볼까 한다. 홈쇼핑은 끝없이 광고를 한다. PC에서 보는 광고 배너는 스쳐 지나가기라도 하지, 리모컨으로 채널을 돌리다가 쇼호스트가 유명 연예인을 초빙해서 요란스럽게 소리를 지르며 상품을 광고하는 모습을 보았다면 그것은 생각보다 기억에 잘 남는다.

그리고 홈쇼핑 방송은 정말 재밌다. 얼마나 세정력이 좋은 세제인지 보여주겠다면서 범벅이 된 싱크대를 1초 만에 싹 지우는 걸 보여준다. 장미칼이 얼마나 절삭력이 좋은지 보여주겠다면서 검의 달인처럼 뭐든 다 썰어버린다. 어떻게 재미가 없을까. 비용이 적지 않은 편인데도 불구하고 홈쇼핑 광고가 성행하는 것은 이런 점 때문이 아닐까.

물론 추석 시즌에는 홈쇼핑뿐 아니라 오픈마켓이건 소셜커머스건 제수용품을 사고, 선물을 사고…, 물건을 사고파는 모든 곳이 말 그대로 대목이다.

홈쇼핑은 보통 명절 당일 2주 정도 전부터 편성표가 꽉꽉 짜여 있다. 대부분은 제수용품으로 쓰일 만한 과일, 육류, 생선 그리고 선물세트로 구성되어 있다. 하루 종일 그런 것만 파는 편성표가 나오기도 한다. 그럴 때는 아무리 일에 미쳐 있는 상담사라도 한숨을 푹푹 쉰다.

친구 중에 '콜의 신'이라 불린 친구가 있다. 때로는 친절하고 때로는 칼 같고 때로는 싸가지 없는 응대를 하기도 하지만 실수가 없고 머리가 좋은 데다 타자는 700타가 나오고 고객과 통화하면서 고객의 니즈를 번개처럼 빨리 파악해 그 내용을 전산에 입력하면서 동시에 회사 메신저로 고객을 불꽃처럼 욕하는 것이 가능한 멀티태스킹 능력까지 갖춘 사람이다.

비수기에 콜센터 상담사들은 100콜을 받을까 말까 한다. 친구는 130콜은 기본으로 받고 집에 간다. 그런 그녀가 추석 시즌이 되면 혼자서 하루에 180~210콜을 받는 기염을 토한다. 명절 연휴는 일반 상담사들은 근무해도 민원 부서는 근무하지 않는 법정공휴일에 해당한다. 이때 들어오는 민원은 연휴가 끝난 후 민원 부서에서 연락드린다고 안내해야 한다. 그렇게 일이 밀리면 민원 부서에서 다 감당하지 못할 지경이 된다. 이럴 때는 상담사가 일을 나눠서 처리한다. 친구는 그런 일까지 하면서 그냥 받기만 하는 전화가 하루 210콜 가까이 되는 것이다.

한 명의 상담사가 백 몇 건을 주문 받았다면, 한 센터에 일하는 상담사 수백 명이 몇 건을 주문하고 집에 갔을까? 한 콜센터에서 그 시간대에만 만 단위로 판매되는 상품이라면, 대형 유통사일수록 콜센터가 여러 군데에 있다는 점을 상기하면, 팔리는 양이 어마어마하다. 홈쇼핑 채널 편성표를 손에 쥐고 기다렸다가 주문하는 사람도 있겠지만 방송 사이사이 낀 홈쇼핑 채널을 우연히 보고 주문하는 이들도 꽤 될 테니 그런 상상을 해보면 정말 어마어마한 양이 순식간에 판매되는 것이다.

하루 210콜 가까이 받았다면 그중 적어도 백 몇 건은 상품 주문이다. 그리고 추석 시즌에는 그게 거의 다 식품이다. 추석의 식품이란, 액세서리 같은 선물이 오가는 밸런타인데이 시즌과는 차원이 다르다. 과일과 한우와 김치가 몇 킬로그램 단위로 오간다. 또 식품은 노트북 같은 가전에 비해 가격 부담은 낮은 편이고, 판매량은 1년 중 어느 시기에 비할 바 없이 많다. 그리고 무엇보다 봄철의 선물과 마찬가지로, 추석 선물세트도 명절 전에 도착하지 않으면 보내는 사람 입장에서는 헛일이다.

식품 배달은 대부분 택배로 이루어진다. 최근에는 유통 인프라를 갖춘 대형 쇼핑몰을 중심으로 자사 마트에서 직접 배달하는 방식을 선택하는 경우도 늘었지만 이런 경우는 저녁 몇 시까지만 주문 취소가 가능하다든지 하는 제약이 또 있어서 다른 각도에서 고객의 민원이 늘고 있다.

서두에서 말했다시피 대부분의 택배 기사들은 여름을 겪으면서 계절병처럼 한 번씩 탈이 나기 마련이다. 아예 일을 할 수 없는 상태도 꽤 많은지 배송 인력에 구멍이 나 있는 상태로 하루에 600개가량 물량을 소화한다. 그것도 출고가 제때 되었을 때 이야기다.

상담사들은 보통은 '상품 기술서'라 하는 상담사 전용 상품페이지를 확인하고 고객 통화에 응대한다. 여기에는 배송 가능 일정도 포함된다. 말 그대로 대목이라고 불리는 이 시기에는 물류센터에서도 출고가 제 날짜에 되면 다행이고 아닐 수도 있는 상황인지라 아예 몇 월 며칠 이후 접수된 건은 배송이 불가하다, 반품 회수는 또 언제부터 언제까지 중단한다 같은 스케줄도 상품 기술서에 포함해서 콜센터에 보내준다. 상담사들은 이걸 보고 판매하는 상품의 추석 전 배송기일을 안내한다. 모 월 모 일 방송 건 중 몇 시 전 결제 건에 한해서 배송 가능하다는 별도의 지침 또한 내려온다. 이 내용에 따라서 거의 그대로 안내하지만 경험 많고 상냥한 몇몇 상담사들은 거기에 한마디씩 고객들에게 덧붙여 안내해주기도 한다.

"○월 ○○일까지 결제하시는 건이라면 추석 전 배송이 가능하지만, 물량이 많이 늘어서 추석 전 배송이 어려운 경우도 있기 때문에 빠른 결제를 권장해드립니다."

여기에서 방점은 사실 빠른 결제를 권장하는 게 아니라 '추석 전 배송이 어려울 수도 있다'는 데에 찍혀 있다. 그러나 이 '어려울 수도 있다'는 안내를 들은 고객은 '어려울 수도 있으면 아예 안 된다는 건 아니네? 시간 안에 오겠네!' 하며 배송을 기다린다.

이런 고객들이 대부분이니 이미 탈이 날 대로 난 택배기사는 근육의 한계를 느끼면서도 무거운 과일을 들고 빌라 꼭대기 층으로 이동하고 있다. 이 시기에는 안타깝게도 새벽 1시, 2시까지도 방문해 배송을 하는 기사들이 종종 고객센터에 전화를 한다.

"이거 식품이라 오늘 꼭 배송하려고 지금 왔는데 고객이 문을 안 열어줘요…."

그렇겠지. 자고 있거나, 수상한 사람이라고 생각할 테니까…. 콜센터에서 고객에게 전화를 걸기도 애매한 시간이다. 보통 밤 8시나 9시 등을 기준으로 잡아 그 후에는 고객에게 먼저 연락을 하지 않는 것이 콜센터의 원칙이다. 긴급한 사항은 관리자에게 인가를 받아 예외적으로 전화를 걸기도 하는데 아무래도 고객과 약속하지 않은 상태에서 야간에 전화를 했다가 민원이 발생하는 경우도 있어 전화를 걸기도 안 걸기도 애매한 상황이 자주 벌어진다.

기사도 전전긍긍, 상담사도 전전긍긍. 결국 기사가 알아서 해보겠다며 전화를 끊었는데 다음 날 고객이 전화를 걸어온다. 왜 밤시간에 택배를 집 문 앞에 놓고 갔느냐며 화를 낸다. 유별난 경우 아니냐고? 명절의 민원치고는 너무 평범한 케이스다.

　추석 시즌 식품은 제수용이나 선물용으로 쓰이는 경우가 많아서 품질에 각별히 신경을 써야 한다. 언제나 고객을 만족시킬 수 있다면 좋으련만, 배송 지연에 이어 품질 불만족 민원이 몰아친다. 유통사 콜센터에서 일하면서 할 말인지는 모르겠지만, 배송 걱정과 품질 걱정을 덜려면 방법은 딱 하나다. 추석에는 가능하다면 매장에 방문해서 직접 구입해 주세요.

끼인 존재, 상담사

고객이 전화를 건다. 상담사가 전화를 받자마자 거기는 무슨 상품을 그런 식으로 보내느냐고 화부터 내기 시작한다. 고객에게 안녕하십니까 인사를 건네고 안녕 못 하다는 대답을 얻은 시점부터 상담사는 아, 이 사람 나를 힘들게 하겠구나 견적을 이미 잡고서 통화를 이어간다.

고객이 배송 기사와 싸움이 났다. 고객은 배송 기사의 불친절, 불편에 화가 났다. 항의하고 싶다. 그러나 배송 기사 면전에 대고 직접 말하기는 꺼림칙하다. 혼자 사는 여성이라면 자신이 해코지를 당할 수도 있겠다고 생각한다. 이런 사정을 들으면 고객이 아무리 허무맹랑한 이유로 기사에게 화를 냈더라도 상담사가 그 마음을 이해하게 되기는 한다. 대부분은 혼자 살지 않더라도 여자라는 이유로 어떤 위협을 받았던 경험이 있기 때문에, 스스로 처리하기에는 두려움이 든다는 그 감정만큼은 이해를 하게 되는 것이다.

잠깐 딴 얘기를 해도 된다면, 최근 몇 년 사이에 이런 종류의 배송 메모를 기재해달라는 요청이 늘었다.

"강아지는 없긴 한데 '강아지가 있어서 벨소리 들으면 놀라니까 집 문 앞에 놓고 가주세요'라고 좀 써주세요."

주문할 때 배송 메모를 쓰지 못한 고객들이 꼭 메모를 남겨달라고 콜센터에 전화를 거는 것이다. 예상하겠지만 대부분 여성 고객들이다. 택배 기사를 가장해서 집 문이 열리면 범죄를 저지르는 경우가 방송에서 몇 번 다루어졌기에 이러한 경향에 대해서 상담사들도 별 설명을 듣지 않아도 그냥 이해한다. 고객들이 택배 기사에 대해서 신뢰가 크지 않은 상황이다. 내 집 벨을 누르는 타인이라면 그게 택배 기사라 해도 때에 따라 무서운 사람일 수도 있는 셈이다.

그런 분위기까지 더해져 택배 기사와 마찰이 발생했다면 고객이 직접 택배 기사나 택배사에 전화해서 처리하기보다는 유통사에 전화해서 도움을 요청하는 경우가 많다. 그리고 혼자 사는 여성이라든지, 부모님이 물건을 받아야 하는데 두 분 다 나이가 많고 몸이 안 좋아 택배 기사가 해코지를 할까 봐 무섭다든지 설명을 덧붙인다. 배송 관련해서는 배송하는 택배사에 직접 문의하도록 안내해야 한다는 상담사로서의 규정과 같은 현실을 겪으며 살아가는 여성으로서의 마음 사이에서 상담사들은 갈등한다.

한편 아예 물건이 잘못 배송되는 경우도 자주 있다. 이런 일이 벌어졌을 때 택배 기사도 사람이기 때문에 성향에 따라 처리하는 방식이 다 다르다. 친절한 사람이라면 고객이 주소를 잘못 써서 배송이 잘못되었더라도 가능한 한 그날 안에 고객에게 상품을 다시 가져다주려고 노력한다. 애초에 이렇게까지 해주지 않는 기사도 많다. 해주고 해주다 보면 요구사항이 너무 많아져서 안 되기 때문에 고객이 잘못한 경우라면 처음부터 선을 긋는 것이다.

택배 기사도 각자의 방침이 있고 사정이 있을 테니 여기서 어느 쪽이 더 좋다 나쁘다 논할 수는 없다. 다만 이런 일이 벌어지면 상담사에게는 고객에게 한 번 더 욕먹을 각오로 다시 전화를 걸어야 하는 현실이 있을 뿐이다. 업무가 바빠서 아예 전화 연락을 받지 않는 기사들도 있다. 택배 기사에게 문자를 보내도 회신을 받을 수가 없으니 고객에게 안내해줄게 없고, 그럼 왜 아무것도 처리가 안 되느냐는 소리를 들어야 한다.

그래도 배송 당일에 문의가 오면 높은 확률로 해결해볼 기미는 있다. 배송 당일에는 아무 말이 없다가 배송 완료일로부터 9일 정도 지난 후에 왜 이렇게 배송이 오지 않냐며 상품을 찾아달라고 항의하는 경우도 적지 않다. 이런 건은 대개 고객이 주소를 잘못 입력한 경우다. 그래도 물건을 직접 전달하지 않고 그냥 어디에 두고 왔다면 택배 기사에게 책임을 묻는 경우도 있다.

택배 기사는 억울하다. 배달하라는 장소에 정확히 배달했고, 놓아달라는 곳에 놓고 왔는데, 심지어 그게 9일이나 지났는데, 누군가 다른 사람이 받았다면 그 사람이 가져갔을 가능성이 큰데, 그걸 지금 와서 찾아달라고 하고, 물건을 못 찾으면 택배 기사 탓이라고 하는 게 말이 되느냐고 한다. 물건이 아예 분실되었다면 택배사에서 일부 처리를 도와주기도 하지만 기사들 자부담으로도 돈이 나간다. 이게 누가 반가울까. 고객 입장도 안타깝기는 하지만 기사가 화가 나는 것이 당연하다.

이런 건은 기사가 물건을 놓고 온 곳에 재방문해서 상품의 행방을 정확히 확인하기 전까지는 어떤 확답도 가능하지 않다. 그러니 그동안 콜센터 상담원은 고객과 기사, 양측의 욕받이무녀로 활동해야 한다.

이런 건은 사실 택배사 소관이다. 그러나 앞서 말했듯이 유통사로 걸려온 전화해 택배사에 직접 문의하시라는 안내를 해봐야 별 소용이 없다. 내가 너희(유통사)를 믿고 샀는데 왜 택배사에 전화를 하느냐며 요청하지 않은 믿음을 어필하는 고객이 더 많고 통화만 길어진다. 그리고 이런 식으로 하루에도 여러 번, 상담사는 고객과 택배 기사 사이에 눌린 샌드위치가 된다.

이 과정에서 기사와 상담사 간의 소모전이 일어나는 것도 다반사다. 꼭 누구 잘못이라고 정하기도 어려운 부분이 있다. 기사도 기사 나름대로 고객과 고객센터 사이에 껴서 본인이 고통받는다고 생각할 것이다. 고객이 좀 더 참아주면 좋지 않겠냐고? 모르겠다. 건별로 고객의 귀책 유무가 다르므로 고객에게 일방적으로 참아달라고 하는 것에도 무리는 있다. 확실한 것은 중간에 상담사가 껴서 스트레스를 받아야 하는 경우가 많아진다는 점이다.

상담사는 고객-택배사 사이에만 낀 존재가 아니다. 고객-판매자(제조사) 사이에도 끼어 있다. 그리고 사정을 들어보고는 고객 말이 맞다, 고객이 좀 억울하겠다, 그렇게 마음이 기울더라도 그렇게 해서는 안 되는 경우가 있다는 점을 알아주면 좋겠다.

고객이 가전제품을 구매했다. 구매 수량도 많고 반품 수량도 많은 헤어스타일러, 즉 고데기를 생각해보자. 고객은 고데기를 주문해 택배를 받고 노란 택배 박스를 개봉했다. 택배 박스 안에는 상품이 멋지게 인쇄된 박스가 들어 있다. 박스 상단 개봉 부분에는 '개봉 후 교환/반품 불가'라고 쓰인 스티커가 붙어 있다.

고객은 불안해진다. 어떻게 생겼는지만 보고 싶은데. 너무 크면 오래 손에 쥐고 머리를 만질 수가 없으니 크기랑 무게만 적당한지 보고 싶은데…. 이렇게 되면 열어봤다는 이유만으로 맞지도 않는 상품을 가져야 하는 걸까? 마트 가서 살걸. 전자제품 할인마트에서 조금 더 비싸게 주고 사더라도 물건을 직접 보고 살걸.

여러 생각을 하고서 고객은 상품을 구매한 유통사의 고객센터에 전화를 건다. 상담사는 스티커를 뜯으면 규정상 반품이 어렵다는 필수 멘트를 안내한다. 가전제품이나 화장품 등에 이러한 스티커가 많이 붙어 있다. 최근에는 세정제 세트 같은 경우도 수입 제품에는 '개봉시 반품 불가' 실이 붙어 있다. 일단 반품 규정상 개봉 후에는 반품이 어렵다고 쓰여 있다면 실제로 어려운 것은 맞다. 그렇게 판매자가 규정해놓은 이상 구매한 유통사에 전화해도 상담사는 해당 사항을 체크한 후 개봉이 확인되면 반품을 거절하기 때문이다.

다만 이것이 법적 효력까지 있느냐고 묻는다면 꼭 그렇지는 않다. 따라서 유통사에서 반품이 불가하다고 안내를 했음에도 개봉만 한 상품을 꼭 반품을 하겠다면 소비자보호원이나 공정거래위원회 등에 문의해서 민원을 제기하는 방법도 있다.

이러한 스티커는 판매업체 또는 제조사에서 붙인 것인데, 이런 문구가 붙어 있더라도 소비자는 법적으로 보호 받을 만한 구석이 있다. "전자상거래 등에서의 소비자보호에 관한 법률"이 있다. 법 조항이 워낙 길어 다 소개하지는 못하지만 이 법 17조에는 간단하게 말해서 계약일 7일 이내에는 제품의 교환, 환불이 가능하다고 되어 있다. 소비자 과실이나 사용 기간 경과로 상품 가치가 훼손되었거나 디지털 콘텐츠처럼 복제가 가능한 재화의 포장을 훼손한 경우 등이 아니라면 반품이 가능하다. "소비자에게 책임이 있는 사유로 재화 등이 멸실되거나 훼손된 경우"는 반품이 불가하다고 되어 있지만 바로 다음에 단서가 달려 있다. "재화 등의 내용을 확인하기 위해 포장 등을 훼손한 경우는 제외한다"라고 명시되어 있다. 그러니 개봉만 했고 사용은 하지 않은 고데기라면 다행스럽게도 분명히 반품이 가능할 것이다.

그러나 중요한 점은 따로 있다. 상담사들로서는 이런 사항을 고객들에게 안내해줄 수가 없다는 사실이다. 상담사는 규정을 따라서 안내하도록 되어 있다.

소비자 보호를 위한 법률, 또 이를 두고 다퉈서 소비자가 승리한 케이스쯤이야 유통사 콜센터에서 제법 경험이 쌓인 상담사라면 누구나 알고 있다. 그러나 법이나 사례를 알고 있더라도 상담사는 규정에 따라 반품이 어렵다는 점을 안내해야만 한다. 시키는 대로 하지 않아 혹여 문제가 발생하면 상담사가 불이익을 고스란히 떠안아야 하기 때문이다. 내부 규정을 위반하고 자의적으로 반품을 접수해주었다가는 업체 측에서 검수한 후 상담사에게 책임을 묻는 것이다.

그러니 상담사 입장에서도 답답하다. 고객 말이 틀린 것은 아니다. 상품을 개봉만 했고 전원도 연결하지 않았고 사용을 하지도 않았는데 그냥 손에 쥐어보고 사이즈가 너무 커서 반품하고 싶다고 말할 뿐인데 이런 것까지도 왜 안 된다고 하는 걸까? 그러면 상품이 사이즈가 맞지 않더라도 그냥 억지로 써야 한다는 걸까? 이건 회사의 횡포 아닐까? 고객이 따따따 쏟아붓는 말들에 사실 상담사도 특별히 반박할 말이 있는 것은 아니다. 그 마음을 모르는 것도 아니거니와 그냥 해줄 수 있으면 본인도 해주고 싶다.

상담사들끼리도 이런 상품에 대한 민원이 들어오면 고객이 아니라 제조사를 욕할 때가 더 많다.

"아니 열어보기만 했는데 왜 반품이 안 된다는 거야."

"안 된다 안 된다 되풀이해서 말해야 하는 우리만 욕먹잖아."

"내가 무슨 말을 해. 할 말도 없어. 고객 말이 틀리진 않아, 화가 나겠지. 그런데 우리는 그걸 반품을 해줄 수가 없잖아."

"안 된다고 했지. 그래서 고객이 또 한 20분 동안 화를 내는 거야…."

이런 이야기는 흔하게 오간다. 그렇다고 고객을 대놓고 편들어줄 수가 없는 상담사들로서는 통화가 끝난 후 고객을 편들며 업체를 세상에서 제일 악랄한 사기꾼으로 묘사하는 대화를 나누게 된다.

간혹 상담사들이 고객에게 맞장구를 치기도 한다.

"그러니까요. 왜 안 된다는지 저도 이해가 안 되는데 일단 규정이 그래요…"

뭐 이런 식의 응대다. 간혹 상황을 현명하게 넘기기 위해 이런 공감성 멘트를 던진다. 고객의 마음을 달래고 상담사도 조금 더 편하게 전화를 끊을 수 있다.

그러나 이 멘트의 가장 큰 단점은 혹시라도 이 통화를 QA 대상으로 삼아 교육팀에서 청취하기라도 하면 감점을 크게 당할 수 있다. 자신이 근무하는 회사를 험담하는 거냐는 것도 문제로 지적을 받지만, 정중하지 못하고 격이 없는 응대로 고객에게 지나치게 친근하게 다가갔다는 이유로도 질책을 받는다.

이렇게 되면 적어도 내부 규정 위반은 아닐지 모르나 통화 품질 항목에서 최저점 가까운 평가를 받을 수 있다. 그럼 아무리 그달에 열심히 전화를 많이 받았어도 얇은 월급봉투를 감수해야 하는 결말에 도달한다. 그래서 고객이 억울한 만큼 상담사도 억울한 건이 이런 건들이다. 상담사들은 속으로 생각한다.

'나도 고객님의 억울함을 아는데요, 나 같아도 화가 나는데요, 말도 안 되긴 하는데 제조사들이 아직 이런 짓을 하기는 하거든요. 그냥 우리한테 화내지 말고 민원 기관에 도움을 요청하시면 안 되는 걸까요.'

그러고 또 생각한다.

'일단 개봉 후 반품이 어렵다는 문구가 쓰인 상품은 구매 전에 좀 살펴보고 피해주면 좋겠어요. 만약 구매해서 개봉까지 했는데, 반품 요건이 다 충족되는데도 반품이 불가하다는 안내를 받으면 싸우지 마세요. 차분하게 소비자보호원 번호를 검색해서 사뿐하게 전화를 걸어주세요.'

겨울,
따뜻하지 못해 죄송합니다

추석 명절을 보내고 나서 바야흐로 홈쇼핑 편성표에서 패딩이 눈에 띄기 시작하는 시기, 겨울이 다가오고 있다. 편성표에 적힌 패딩의 가격이 저렴할수록 상담사들의 한숨이 깊어진다. 고객들은 저렴한 상품에 지갑을 더 잘 연다. 그러니 5만 원도 안 되는 패딩이 방송으로 잡혀 있다면 상담사들은 그 시간에는 숨 돌릴 새도 없겠다는 생각부터 든다.

　패딩은 생각보다 가벼운 것도 많고 유통기한이 따로 있는 것도 아니어서 물류센터에 다량을 적재해놓는 게 가능하다. 물량만 충분히 준비되어 있다면 천재지변이 일어나지 않는 한 차질 없이 제 기간 안에 배송된다. 그래서 배송 클레임보다는 배송 이후 품질에 대한 클레임이 많다.

물건을 파는 데 일조하는 게 콜센터 상담사들이지만 상담사들도 퇴근을 하면 남들과 똑같은 사람이다. 그래서 아무리 봐도 나 같으면 저 패딩 입고 어디 나갈 것 같지 않다는 생각이 들 때가 있다. 패딩뿐이겠는가. 캐시미어 함량이 1퍼센트도 되지 않지만 어쨌든 상품명이 캐시미어 니트인 것이 있는데, 여기에 가격도 5만 원 미만이라면 패딩과 마찬가지로 고객들이 흥분할 소지가 다분하다. 그렇게 패딩이건 캐시미어 니트건 흥분해서 구매하고, 입고 나서 흥분한다. 그렇게 흥분한 상태로 전화를 건다.

봉제선 틈으로 삐져 나오는 오리털 때문에 사무실에 털 파티가 일어났다며 화를 내는 고객들 전화는 해마다 빠지는 법 없이 걸려온다.

"아니 이건 오리 솜털 함량이 많다고 방송 중에도 안내가 나갔습니다 고객님."

고객과 실랑이를 벌이고 있는 상담사들 채팅방은 난리가 난다.

"그럼 털 없는 걸 사라고!"

구스다운, 덕다운 패딩을 사놓고 친환경적이지 않아서 반품한다는 고객도 있다. 그렇다면 굳이 왜 샀는가. 잘 모르겠다. 규정에만 맞으면 반품을 해주기는 한다.

의류는 식품이나 가전제품과는 달리 육안으로 확인해서 문제가 없다면 반품된 상품을 검수해서 재판매하는 경우도 흔하다. 그런데 의류회사 물류센터에서 근무하는 사람이 누구냐에 따라 검수 기준이 참으로 제각각인 것인지, 분필 자국 묻은 옷이 배송되어 왔다고 클레임이 들어오는 경우도 있다. 그러니 겨울은 특히나 의류의 주문과 배송에서 트러블이 많은 편이다.

의류는 사시사철 꾸준하게 판매되는 아이템이다. 그런데 여름의 래시가드는 생필품에 속한다고 보기는 힘들다. 겨울 패딩은 다르다. 생필품, 나아가 생존용 아이템으로 여겨야 하는 물건이라 상품 품질에 고객들이 더 까다롭다.

구매할 때의 조건, 반품이 가능한 조건 등을 설명하면 '그냥 대충 입을게요' 하고 마는 사람도 더러 있다. 그러나 털이 빠졌다, 세탁했더니 이염이 생겼다 하는 문제로 민원을 제기하는 경우도 만만치 않다. 세탁 후에 문제가 발생한 경우는 열에 아홉 정도는 레퍼토리가 비슷하다. 세탁 라벨에는 옷에 맞는 세탁법이 표기되어 있지만 클레임하는 고객들은 세탁기에 옷을 넣고 돌리고는 문제가 생기면 요즘 드라이클리닝으로 세탁하는 물건이 어디 있느냐, 그럴 거면 왜 샀겠느냐 화를 낸다.

옷뿐 아니라 겨울의 문의는 특히 좀 기상천외한 것들이 많다. 방송에서 보니 온수매트가 빵빵하길래 주문했는데 내가 사서 물을 넣으니 그 정도로 빵빵하지 않다고 전화를 건 고객이 있다. 온열 기능이 안 되는 거냐 물으니 그건 된단다. 뜨듯하긴 한데 빵빵하진 않으니 수리해달라는 내용이었다.

홈쇼핑 방송에서는 매트를 볼륨감 있게 보이게끔 하려고 조명을 적당한 곳에 배치하고 색도 조정한 후 밑에 있는 매트리스도 약간 얇은 것을 깔아서 온수매트가 상대적으로 조금이라도 더 도톰하게 보이게끔 한다. 그러나 고객은 온수매트의 온열 기능이 만족스럽더라도 빵빵하고 안락한 이미지까지 구매한 셈이므로 그 빵빵함을 보장해달라고 한다. 대부분의 상담사들은 이런 니즈가 파악되는 순간 통화할 의지를 잃는다.

패딩에 자수를 놓다가 털이 빠져나오기 시작했으니 자수가 없던 상태로 되돌려달라는 고객도 있다. 우리도 타임머신이 있다면 참 좋을 거라고 생각한다. 수선집에 수선을 맡겼는데 사이즈가 맞지 않고 수선집에서는 뭘 어떻게 더 해줄 수 없다고 하니 물건을 산 곳에 전화해서 '그냥 환불을 해주면 어떻겠습니까' 같은 말 같지 않은 소리가 가장 많이 들어오는 시즌이 겨울이다.

조리 가전과 난방 가전의 불꽃 튀는 판매량 상승도 당연히 겨울철에 발생한다. 요즘 에어프라이어는 1년 사계절 잘 팔리는 아이템이다. 그래도 홈쇼핑 방송에서 뜨거운 김을 뿜으며 한눈에 봐도 뜨겁고 먹음직스럽게 익어 나오는 고기의 비주얼이 추위에 시달리는 고객들을 압도하는 것인지 편성 비중에서도 압도적이고 판매량도 겨울철 쪽이 좀 더 높다.

고기 굽는 가전도 마찬가지다. 어떤 식으로든 열이 발생해야 고기를 굽지 않겠는가. 더욱이 식품 광고와 비슷하게 더 먹음직스러운 색이 보이게끔 조명색을 쓰고 상품과 식품이 더 커보이게끔 손이 작은 배우들을 배치한다. 그렇게 촬영한 방송을 보면 누가 봐도 좀 배가 고파진다. 어디 나가지 않고 집 안 식탁에서 두런두런 앉아 지글지글 소리를 내며 잘 익은 고기를 먹는다? 한마디로 겨울철에는 안락하게, 내 집 안에서, 따뜻하게 쉬고 먹는 이미지가 고객들에게 잘 먹힌다.

난방 가전의 득세도 무시무시하다. 전기장판이건 온수매트건, 뭔가의 장판이 판매될 예정이라면 상담사들은 앞으로 받게 될 전화 내용을 읊을 수 있다. 킹 사이즈와 퀸 사이즈 중 어떤 것을 하시겠느냐고 고객에게 물어보면 그게 발음이 비슷비슷하니 고객도 못 알아듣고 상담사도 고객 말을 잘 못 알아듣는다. 혹자는 왕을 뜻하는 킹과 여왕을 뜻하는 퀸 중 무엇을 할 것이냐고 묻지만 그게 무슨 뜻이냐고, 그걸 왜 묻느냐고 되묻는 고객은 당연히 있다. 혹자는 아예 케이랑 큐 중에서 뭐 하실 거냐고 묻고, 고객이 지나치게 연령이 높은 것 같으면 그냥 다 포기하고 "제일 큰 거 하세요?" 하는 상담사도 있다.

그리고 대부분은 자기 집 침대에 맞는 사이즈를 달라고 한다. 침대 크다고 말하면서. 네? 뭐라고요? 제가 고객님 집 침대 사이즈를 어떻게 알까요? 그냥 제일 큰 걸 달라고 하고는 인수해보니 너무 크다며 작은 걸로 바꿔달라는 고객은 겨울에 꼭 등장한다. 사이즈에 따라 가격이 다른데 교환이 될 리가요. 간혹 차액을 지급하고 교환해주는 업체가 있기도 한데 대부분은 교환은 안 되고 반품하고 새로 주문해야 한다.

문제는 간혹 방송 중에만 판매하는 한정 상품이라는 것이 있기 때문인데…. 교환이 안 된다고 하면 또 클레임을 건다. "이렇게 큰 걸 어떻게 쓰라고요" 하면서. 상담사는 속으로 내 알 바는 아니라고 생각하지만 정중하게 '죄송합니다만…'이라는 말로 시작하는 영혼 없는 사과를 해야 한다.

AS 문제도 심각하다. 요즘 전기장판이나 온수매트는 안전을 위해 과열을 방지하는 기능이 들어가 있다. 일정 온도 이상으로는 온도가 오르지 않도록 하는 기능이다. 그래서 고객이 원한 '지글지글하는' 온도에 도달하지 않는 경우가 많다. 이렇게 미지근한 걸 어떻게 쓰느냐고 고객들은 화를 낸다. 분명 방송 안내에서 몇 도까지 올라가는지 설명을 했다. 고객들이 그걸 몰라서 화를 내고 반품하겠다는 건 아니다. 다 알아도 마음에 안 들면 반품이다. 그래서 사실 좀 저렴한 가전이면 몰라도 그게 아니라면 상품을 실제로 테스트해볼 수 있는 매장 방문을 추천하는 이유가 여기에 있다.

그래도 그 정도는 하도 많이 들어오는 문의라서 차라리 귀엽다고 생각할 만하다. 제일 끔찍한 건 야간에 실시간으로 인입되는 고장 문의다. 왜 콜센터에 전화를 하는 것일까. 앞에서도 예로 들었던, 온수매트에서 물이 샜으니 당장 찾아와서 해결하라는 말만큼 난처한 것도 없다.

1. AS는 가전사에 직접 접수해야 기사가 방문 가능함
2. 밤 시간에는 AS 접수가 어려운 회사가 많음(아주 드물게 있기는 함)
3. 유통사에서 대리 접수가 어려울 수 있음
4. 1~3 다 가능한 경우라도 기사가 지금 당장 방문하는 것은 어려움

1부터 4까지 상담사가 최대한 친절하게 설명해도 이미 물이 새서 얼굴에도 묻고 침구에도 묻은 고객은 상담사의 안전불감증과 공감하지 못하는 태도를 꼬투리 삼아 어떻게든 당장 처리해달라는 요구를 고성방가로 떠들어댈 것이다. 고객이 이런 건은 가전사에 전화를 해야 한다는 사실을 모르고 유통사 콜센터에 전화를 거는 건 아니라고 확신한다. 화가 나 있고, 화를 풀어야겠고, 반항할 수 없는 상대가 있으니 화를 내고 싶은 것이리라.

　생각해보면 이 사람들은 방송을 보고 집 안에서 문제 없이 안락하고 따뜻하게 겨울을 나는 그 이미지를 샀을 것이다. 그리고 그렇게 되지 않는 것에 흥분해서 자기가 피해를 입었다고 생각하게 되는 것일 테다. 겨울철은 유독 그런 특정한 이미지가 잘 팔리는 계절이다. 어떤 계절보다도 생활에서 이상적으로 느껴지는 이미지를 방송에서 특정해서 판매를 하는 시기다. 자기가 산 것이 때로는 불만족할 수 있고 쓰다 보면 소모나 고장이 있을 수 있는 물건이라는 점을 인지하고 있는 고객들은 클레임의 횟수나 강도가 비교적 낮지만, 그 광고의 어떤 이미지를 구매한 고객들이라면 상품에 불만족하고 있는 자신의 처지 자체를 억울하게 여긴다. 돈을 쓰고 그 광고만큼 행복해지지 않은 것이다.

따라서 겨울에는 가상의 자신에게 맞지 않는 인생을 사는 고객들이 가장 화를 많이 낸다. 겨울은 콜이 많기도 적기도 하지만 민원만큼은 결코 쉴 틈 없는 계절이라는 점은 확실하다.

상담사를 고발하고 싶은 당신에게

고객은 무언가 원하는 게 있을 때 콜센터에 전화를 건다. 그게 간단한 문의일 수도 있고, 고객 입장에서나 판매자 입장에서나 합당한 요구일 수도 있다. 그런 경우라면 통화는 원만하게 이루어진다. 고객이 원하는 걸 얻지 못할 때는 해줄 수 없는 걸 요구할 때라고 보면 된다. 그럴 때 '아 안 되는구나' 하며 수긍하는 고객도 있고, 아쉬움이 잔뜩 밴 목소리로 '알겠습니다' 하고 끊는 고객도 있다.

그러나 원하는 대로 이야기가 흘러가지 않으면 으름장을 놓는 고객 또한 여러 명이다. 물건에 하자가 있어서 그걸 어떻게 보상받겠다는 게 아니라 상담사를 고발하겠다는 고객들이 생각보다 적지 않다.

그런 말을 하는 고객들은 '아 고객님, 그것만은 제발!' 하고 어떻게든 고객이 원하는 걸 들어주리라 예상하고 회심의 카드를 꺼냈다 생각하는지는 모르겠지만… 소비자보호원은 그런 소비자를 보호하는 기관이 아니다. 그러니 바람과는 달리 소비자 고발을 언급한다고 상담사가 겁먹을 가능성은 없다고 봐야 한다.

신입이라면 이 말이 좀 무서울 수도 있다.

"고발을 한다고 하네요…."

잔뜩 주눅든 얼굴로 옆자리 선배한테 이렇게 말하는 상담사라면 아직 입사한 지 얼마 안 되었을 가능성이 크다. '나를 고발한다고?' 처음 이런 말을 들으면 겁이 나지 않겠는가. 그러나 매일매일 별 시답잖은 이유로 으름장을 놓는 고객들을 상대하다 보면 대체로 그런 말에도 심드렁해지고 만다. 내가 뭘 잘못한 게 아니고 업체에서도 특별히 잘못한 게 없다면, 뭘 걱정해, 이런 마음이 된다.

이런저런 경험이 쌓일수록 상담사들은 생각보다 한국소비자보호원이 소비자의 말만 들어주는 기관이 아니라는 것을 깨닫는다. 소비자보호원에 접수가 된다, 그것만 해도 업체에 과실이 있을 가능성이 크다. 반대로 말하면 소비자보호원에 접수해서 소비자를 보호해줄 수 있을 만큼 명백한 업체의 과실은 생각보다 드물다. 즉 업체의 보상이나 합의가 가능한 사안에 대한 가이드라인이 있어서 고객이 원한다고 해서 소비자보호원에서 아무 내용이나 다 접수해주지 않는다는 말이다. 그리고 바로 그 이유 때문에 고객들이 콜센터에 전화를 걸어 소비자 고발을 언급해도 상담사들이 콧방귀도 뀌지 않는 것이다.

고객들이 소비자 고발을 언급하는 경우는 몇 가지가 있다. 우선 반품, 교환을 하고 싶은데 택배비는 고객 부담이라고 하면 택배비를 내지 않으려고 업체가 갑질을 한다고 주장하는 경우가 있다. 안깝게도 이런 내용은 인터넷으로 상품 구매할 때 상품 페이지에 전부 기재되어 있다. 왜 안 그렇겠는가. 이런 건이 워낙 많으니 구매하기 전에 충분히 인지하라고 '무료 반품, 교환 불가'라고 아주 크게, 빨간색으로 써놓는다.

자기가 상품의 스펙을 확인하지 않고 구매하고서는, 심지어 사용까지 하고서는 반품이나 환불을 요구하면서 여기에 난색을 표하는 상담사를 고발하겠다는 고객들이 있다(이런 일이 벌어졌을 때 왜 상담사를 고발하겠다는 건지는 모를 일이다). 또 배송 기일이 평일 기준 4일 이내임에도 불구하고 주문한 다음 날 상품이 오지 않았다고 불만을 토로하면서 소비자 고발을 하겠다고 하는 사람도 있다.

　물론 듣는 상담사 입장에서도 안타깝지만 어쩔 수 없는 사례도 많다. '당뇨 치료에 도움을 줄 수 있음'이라고 쓰인 건강보조식품을 사서 섭취했는데 당뇨병이 호전되지 않았다고 허위 광고라며 고발하겠다는 경우, 두발 염색제가 광고에서는 색상이 아주 진했는데 자기가 사서 발라보니 색이 광고에서처럼 진하게 제대로 나지 않으니 역시 허위 광고라고 주장하는 경우다.

　이런 제품들에도 당연히 경고, 주의사항이 적혀 있다. 생각보다 작게 적혀 있어서 그렇지 '개인 모발에 따라 차이가 있을 수 있다'는 문구는 어딘가에 반드시 적혀 있다. 제조업체 입장에서도 이런 클레임들을 예상해서 갖은 주의 문구를 빼곡하게 적어놓는 것이다. 그렇다면 사전에 주의사항을 안내한 것이니 허위 광고라고 이의를 제기해서 보상을 받기란 어렵다.

　고객이 소비자 고발을 언급한다는 건 그만큼 고객 입장에서도 막다른 길이라는 뜻이다. 상식적으로 생각했을 때 누구도 그 고객을 돕지 않을 만한 건인데 자기가 생각하기에는 자신이 피해를 입었다. 그러니 그에 합당한 구제를 받고 싶다. 그러나 여기저기 연락해도 자기 말대로 아무것도 이루어지지 않는다. 그렇다면 반품이건 교환이건 애초에 원했던 건에 더해 콜센터 등에서 자기를 돕지 않았다, 자기가 원한 대로 처리해주지 않았다는 이유를 들어 소비자보호원 등에 전화를 거는 것이다. 아예 반품은 뒷전이고 이 상담사를 내가 고발해서 버릇을 고쳐줘야겠다 이런 심사인 경우는 너무나도 흔하다.

그래서 안타까운 마음이 들기도 한다. 그러나 절박한 고객일수록 언성이 높고 말이 안 통하는 경우가 많으니 차라리 잘됐다 싶은 마음에 상담사들도 내적 코웃음을 치는 것이다. 그럼 여기 전화하지 말고 거기 전화해보지 그러셨나, 그런 생각을 하면서.

소비자보호원에도 콜센터가 있다. 그리고 거기 상담사들이라고 딱히 다른 답을 들려주기는 어렵다. 유통사 말고 다른 콜센터에 일하던 때, 카드 결제 금액이 소액 연체되어 신용등급이 내려갔다며 억울하다고 전화를 건 고객이 있었다. 뭐라 말해야 했을까. 이때 전화를 받은 상담사는 차분하게 그러나 단호하게 알려줬다.

"고객님, 카드를 사용했다는 건 돈을 빌려서 쓴 셈이고, 그 돈이 큰 돈이든 작은 돈이든 상관없이 고객님이 돈을 갚지 않은 거잖아요. 그리고 그럼 신용등급이 내려가는 건 맞잖아요. 고객님."

이런 식이다. 1 더하기 2는 3이라는 이야기를 해야 한다. 고객이 4나 5를 답으로 기대하고 소비자보호원에 전화를 해도 결국 고객이 민망한 상황밖에 연출되지 않는다. 원하는 답을 듣지 못한 고객은 어떻게든 해보겠다는 생각에 상담사를 피곤하게 하지만, 소비자보호원이 고객이 생각한 회심의 카드인 만큼 그곳에는 화가 난 진상들을 상대하는 데 이골이 난 경력자가 많다.

소비자보호원 상담사들은 '기가 아주 셈'인 경우가 많다(왜 안 그렇겠는가). 업체 과실이 예상되지도 않는다면 고객에게 도리어 면박을 주는 경우도 있다. 그래서 유통사 상담사들끼리 소비자원 운운하는 고객이 있으면 이런 반응이 먼저 나온다.

"전화해봐라. 들어주기나 하나."

그러니 그렇게 해서도 원하는 바를 얻지 못한 고객은 소비자원도 전혀 도움이 되지 않는다는 불만 글을 각자의 SNS에 열심히 작성한 후 이 내용이 누군가에게 닿기를 바라지만, 대부분은 읽지도 않는다.

그렇기에 상담사들은 별 상관을 해본 적이 없다. 우리한테 전화해서 이런 식으로 민원 걸다가 안 되면 소비자원에 고발한답시고 서로 시간 낭비하지 말고, 먼저 고발하라는 느낌으로 응대하는 경우가 많다.

콜센터 매뉴얼 중에는 고객이 '고발'을 언급하면 이런 전화가 있었다는 걸 관리자 또는 담당 부서에 전달해야 한다는 규정이 있다(회사마다 다르기는 하다). 그런데 최근 우리 회사에서는 규정을 바꿨다. '고발' 운운하는 건이 해당 부서에서 일일이 다 확인할 시간도 없을 만큼 많아졌기 때문이다. 이런 건을 위로 위로 다 보고를 올렸다가는 관리자들도 다 읽기에도 힘에 부치는 것이다.

또 어떻게 처리될지 뻔한 건을 보고하려고 하다못해 메모라도 작성해야 하는 상담사들도 괴롭다. 언젠가 이런 말을 한 상담사가 있었다.

"소비자 고발 언급하는 고객이 들어오면 평소에 치던 타자를 똑같이 치는데도 왜 그렇게 귀찮고 몸살 날 것 같은지 모르겠어."

왜 그럴까 생각해보면, 불만을 넘은 협박이기 때문인 이유가 크다. 요즘은 소비자보호원 고발보다는 다른 카드가 등장한다.

"내가 맘카페, SNS, 유튜브 다 올릴 거야! 그래도 너네 회사 괜찮겠어?"

정말 많아졌다. 둘의 차이라면 소비자보호원은 그래도 법적인 구제 방식이라면 이건 여론 전쟁이라 할 수 있을까. 안타깝기는 마찬가지다. 상담사들은 고객의 비장한 태도에 간절히 바라기도 한다.

'꼭 올려주세요.'

유튜브에는 진상에 대응하는 콜센터 상담사들의 녹취 영상이 곧잘 올라오고 그중에는 꽤 유명해진 영상도 있다. 자신의 응대 건이 그 레전드 영상에 추가되는, 미묘하게 영광스럽고 반가운 사례가 하나 생긴다면 상담사로서는 서운하지는 않을 것이다.

물론 간혹 정말 소비자원에서 구제가 가능한 건들이 있다. 그런 경우라면 모든 상담사가 구제 받을 수 있는 절차를 친절하게 안내할 것이다. 콜센터에는 당신이 생각지도 못한 클레임으로, 당신이 생각할 수 없을 정도로 모욕적이고 폭력적으로 항의하는 고객이 생각 이상으로 많다. 그러니 진상을 대처하는 데도 이골이 나 있다.

상담사가 안 된다고 하면 정말 안 되는 것이다. 이미 유통사에서 고지된 내용을 고객이 숙지하지 않았거나 고객 과실로 문제가 생긴 경우가 태반이고 이런 것은 딱히 법으로 보호받을 수 있는 영역이 아니다. 더욱이 상담사를 고발하겠다는 건 여간해서는 원하는 바를 얻을 수 없다는 점, 전화기 너머 상담사는 '네 제발 고발해주세요' 하는 마음으로 전화를 받고 있음을 알아줬으면 좋겠다.

3부

혜지 씨가 텔레마케팅을
그만둔 이유

콜센터는 어쨌든 전화 업무의 공간이다. 주가 되는 업무를 '전화 받기'와 '전화 걸기'로 나눌 수 있다. 전화 받는 쪽, 주로 고객의 문의와 상담에 응대하는 쪽을 인바운드(in-bound)로, 고객에게 전화를 거는 쪽, 주로 영업이나 미납 고지 같은 업무를 아웃바운드(out-bound)로 나눈다. 아웃바운드는 흔히 텔레마케팅이라고도 불린다. 다만 보통의 사람들은 인바운드를 '콜센터', 아웃바운드를 '보이스피싱'으로 이해하고 있는 경우가 많은 것도 사실이다.

    이 책에서는 내가 가장 오래 근무한 인바운드를 중심으로 이야기하고 있다. 사실 아웃바운드의 세계도 흥미롭다. 흥미롭다고만 말하기엔 슬픈 구석도 많지만.

아웃바운드도 여러 가지가 있다. 이 업무는 생각보다 더 폭넓은 분야에 걸쳐 있다. 요즘은 대개 문자메시지나 카카오톡으로 대체되기도 했는데 요금이 미납되었다든가 계약 만료일이 다가오고 있다든가 하는 안내를 하는(즉 전화를 거는) 아웃바운드 콜센터도 있다. 이런 업무는 고객에게 필요한 정보를 안내하는 것이니만큼 인바운드보다도 난이도가 낮다고 여겨져서 그런지 기본급 외에 인센티브가 별로 발생하지 않는다.

아웃바운드 중에서도 진짜 정수는 영업성 전화 업무에 있다. 어떻게 알았는지 심심치 않게 전화를 걸어 오는 각종 금융사, 카드사, 대출 업체, 부동산, 휴대폰 교체, 인터넷TV 가입 등의 영업이 여기에 속한다. 가끔은 070 같은 번호가 아니고 지역번호로 지역 특산물인 꿀이나 즙을 사라는 전화가 걸려 오기도 한다.

샤워를 하다가, 설거지를 하다가 전화벨이 울려 급하게 물기를 닦고 전화를 받았는데 그게 상냥하게 대출을 권하는 아웃바운드 전화라면, 그런 경험이 한두 번 쌓이고 나면 도대체 세상이 왜 이런가 싶은 마음까지 들 정도일 것이다. 그러니 영업성 전화가 오면 일단 화부터 내거나 끊거나 아예 T전화 등으로 차단한다. 아웃바운드 콜센터에서는 이런 상황을 뚫고서 영업을 해야 한다.

고객이 전화를 걸어 필요한 것을 묻고 불만을 제기하는 인바운드 콜센터 통화는 그래도 그나마 고객에게 필요한 일이다. 아웃바운드는 텔레마케팅, 전화를 걸어서 필요를 만들어내서 팔아야 한다. 갑자기 걸려온 전화를 받고서 물건을 산다? 대출을 받는다? 어느 단체에 가입한다? 그전까지는 생각도 안 하고 있었는데? 정말 무에서 유를 창조하는 일이다. 그렇다면 정말 무에서 유를 창조하는 것인가. 꼭 그렇지만은 않은 것 같다. 고객의 아픈 구석, 허전한 곳을 쿡쿡 찔러 원하는 것을 얻는 건 어느 업종이고 영업의 노하우일 테고 아웃바운드 영업도 크게 다를 바는 없는 것 같다.

내 친구 혜지 씨는 마치 콜센터 도장 깨기라도 하듯 업종, 상품을 바꿔가며 여러 콜센터를 옮겨 다니며 상담사로 일했다. 그런 만큼 웬만한 일에는 무뎌질 만큼 무뎌졌을 텐데, 딱 하루를 일하고 양심에 찔려서 못하겠다고 그만둔 곳이 있었다. 어느 전문대학에 속한 텔레마케팅 센터였다고 했다. 그리고 주 업무는 이 대학에 입학을 권유하는 일종의 영업이었다. 혜지 씨가 들려준 이야기는 이랬다.

텔레마케팅 센터는 그 전문대학 이사회에서 소유하고 있는 건물의 구석진 사무실 한 군데에 있었다. 센터에 들어서면 20년쯤 퇴행한 것 같은, 90년대 같은 휑한 사무실 풍경 속에서 파티션으로 몇몇 팀이 나뉘어 있었고 각 팀마다 8명 내외인 사원들이 소란스럽게 각자 자기 할 말을 열심히 헤드셋에 대고 쏟아내고 있었다. 워낙 여러 명이 동시에 통화를 하니 처음엔 그저 시끄럽다, 그렇게만 생각했는데 한 명 한 명 통화 흐름을 보니 대부분은 잔잔하게 말을 시작했다가 대화 중반부터는 소리를 지르거나 목소리를 깔거나 하며 톤을 바꿔가고 있었다.

사무실에서 누구나 볼 수 있는 창문 쪽에는 빛을 가리듯 거대한 화이트보드가 하나 세워져 있었다. 그리고 거기에 모든 사원의 이름이 쓰여 있었고 이름 옆에는 숫자가 쓰여 있었다. 짐작하다시피 TM(텔레마케팅) 사원별로 전화 영업을 성공한 사례가 몇 건인지 기록하는 현황판이었다.

혜지 씨는 처음 콜 영업을 시작하기 전 팀장에게 코치를 받았다. 처음에는 부드럽게, 입학 관련 상담 문의를 인터넷에 남긴 학생들 전화번호가 DB에 남아 있어서 그걸 보고 연락했다고 친절하게 인사해서 학생들의 긴장을 누그러뜨리고 시작하라고 했다. 대화를 이어가면서 학생의 목소리나 어조에서 긴장감이 좀 사라진 것이 느껴지는 시점에서는 학생에게 혹시 진학 예정인 학과가 있는지, 진로가 결정되어 있는지 묻는다고 한다. 대부분은 성적이 낮거나 정확히 관심 분야를 기재하지 않은 학생들에게 이런 전화를 거는 경우가 많다고 했다. 통화를 하며 말을 이어가도 학생들은 대개 미적지근한 반응을 보인다고 한다.

이때가 중요하다. 이때부터 갑자기 어조를 강하게 하면서 이야기의 흐름을 자기에게 확 끌어오라고 했다. 조금은 화를 내도 좋고, 말을 놔도 좋다고 했다.

"○○님, 아니다, 내가 누나니까 말 놓을게. ○○야, 내가 지금 너무 속상해서 그래. 아니 진짜 너 어쩌려고 그러니? 네가 지금 딱 결정하지 않으면 취직도 안 되고 미래도 없어. 그게 네가 원하는 길이야? 아니잖아? 앞으로 어떻게 살아가려고 그래? 취업도 안 되는 요즘 같은 때에 전문 기술이 있어야 먹고살지. 요즘 그래도 이런 분야가 아주 괜찮아. 그리고 이 학교가 그런 거는 또 아주 잘 되어 있어. 네가 네 삶을 살려고 노력을 해야지. 안 그래?"

팀장의 말인즉슨 사회 경험이 없고 대학 진학을 앞둔 학생들은 이렇게 누군가 화를 내면 금세 이야기로 끌려들어간다는 것이었다.

그리고 이런 식으로 운을 뗀 뒤로는 이제 강한 어조에 미사여구를 싣는다. 앞으로의 안정적인 진로를 고려해야 한다, 학비가 생각보다 많이 드니 장학금 많이 주는 곳이 제일이다, 다니기도 편하다, 자기 전문 분야를 개척해나가는 길로 너의 삶을 지켜라…. 정말 동생의 미래가 걱정되어 전화를 한 사람이 되어 통화를 이어가야 성공률이 높다고 했다.

팀장은 "다른 영업에 비해 학생을 대상으로 하는 것이라서 성공률이 높다"라고 말했다는데, 그쯤 설명을 듣고 나니 혜지 씨는 도저히 이 업무를 할 수 없겠다는 생각이 들었다고 했다.

영업이란 대체로 이런 식으로 상대와 기싸움을 하는 것은 맞다. 처음에는 고객에게 친절하게 접근해서 대화를 이어나가고 조금 친근해졌다 싶으면 개인사도 조금씩 터놓고 고객이 마음의 문을 좀 여는 가 싶으면 그 틈으로 진짜 목적을 들이밀어야 한다. 이런 영업 방식을 미사여구로 포장하면 "인간적으로 접근해라"라고 말할 수 있다.

그런 식으로 마음이 약해진 고객의 그 작은 틈새를 파고들어서 자신의 주장을 관철하고 그 사례를 자신의 성공 건수 중 하나로 포섭하면 급여는 어느 정도 보장된다.

이런 영업 실적이 오르지 않으면 남보다 한 시간 두 시간 늦게 퇴근하면서 전화를 한 통이라도 더 돌려서라도 어떻게든 업무에 적응하려고 애를 쓰는 사람도 많다. 어쨌건 영업하는 일이고 실적 현황판이 벽에 떡하니 걸려 있는데 실적이 낮으면 무능하다는 자괴감이 들기도 하고, 팀별로 실적 경쟁도 있는데 나 하나 때문에 팀원들도 피해를 입나 눈치도 보는 게 당연하다.

무엇보다도 아웃바운드 영업직은 기본급은 없다시피 적거나 노동법을 조롱하는 수준으로 설계되어 있어서 영업을 성사해서 인센티브를 받지 못하면 생계를 걱정할 수밖에 없는 환경에 있다. 거꾸로 말하면 이런 실적 현황판, 팀별 실적제, 인센티브 중심의 급여 구조가 다 상담사들을 압박하는 수단으로 얽히고설켜 있다는 뜻일 테다.

각종 콜센터에서 잔뼈가 굵은 혜지 씨니만큼 이런 구조를 이해하지 못한 건 아니었다. 내가 보기에도 시스템에 대해서라면 누구보다 잘 안다고 자신해도 좋을 친구였다. 다만 혜지 씨는 이런 식으로 어린 학생들을 상대로 영업을 한다는 건 견디기가 어려웠다고 토로했다. 그 대학이 영업 대본에 쓰인 대로 실제로 장점이 있을 수도 있다. 정말로 학생들로 하여금 지금까지 불투명했던 미래를 제대로 설계할 주춧돌로 기능할 수 있을지도 모른다.

그렇지만 입시 상담이라는 미명으로 개인정보를 수집해 대학 입학자, 다른 말로 하면 등록금 납부자를 늘리는 영업을 해야 한다는 건 아무리 "사기가 아니다"라고 주장해도 사기처럼 느껴졌다고 했다. 그것도 미성년자가 대부분인 상대방에게, 말 그대로 미래가 걸린 일을 두고 영업을 한다는 건 영 찝찝해 견딜 수가 없었다고 한다.

혜지 씨에게서 그런 이야기를 들었을 무렵, 나는 인바운드 콜센터에서 일하고 있었다. 혜지 씨에게서 들은 아웃바운드 영업의 세계는 흥미로우면서도 거칠고 자비심 없는 야생에 가까운 생태계처럼 느껴졌다. 말 그대로 알아서 벌어라, 알아서 살아남으라는 구조였다.

보험이나 대출 관련 전화 영업으로 많이 버는 사람은 800만 원 이상을 수령하기도 한다. 적게 버는 사람은 생계 유지가 가능한지 의심스러울 정도로 번다.

아웃바운드 콜센터 공고의 "평균 500만 원 수령" 같은 광고 문구는 불신하는 편이 좋은 이유가 그래서다. 평균이라는 단어는 잘하는 사람과 못하는 사람의 차이를 지우고 대강의 매력적인 급여 정보만 제공하는 가장 편리한 방식에 동원되는 말이다.

영업에서는 인바운드의 '친절한 상담'이나 '통화 품질에 걸맞은 정형적인 상담'은 전혀 의미가 없다. 고객을 자신이 의도하는 바로 끌어갈 수 있어야 하므로 기싸움도 할 줄 알아야 하고, 밀고 당기기를 잘해야 한다. 고객의 성향을 잘 파악하고 그에 따라 반사적으로 대응책을 세워가며 유연하게 대응하는 스킬은 인바운드나 아웃바운드나 모두 유용하게 사용한다. 그러나 특히 아웃바운드 영업직에서는 이러한 스킬이 없는 사람과 있는 사람의 급여 차이는 하늘과 땅이라고 봐도 좋다.

게다가 아웃바운드 콜센터 상담사들도 인바운드와 마찬가지로 대부분 정규직으로 등록되어 있지 않다. 아웃소싱 업체에 소속되어 있는 것도 아니어서 4대보험 혜택도 받지 못한다. 프리랜서(위촉직)로 등록되면 다행이고, 정말 수상쩍은 곳이라면 통장에 돈을 지급하는 대신 빳빳한 현금을 지급하기도 한다. 은근슬쩍 불법적인 일을 하는 곳이라면 꼬리를 잘라내기 위해서라도 이런 식으로 급여를 지급하는 경우가 종종 있다.

이것이 아웃바운드 영업직의 가장 기본적인 형태다. 인바운드가 정형적인 업무와 어느 정도의 안정성을 지닌다면 아웃바운드는 모험이고, 때때로 위험 부담도 스스로 져야 한다. 월 수령액도 들쭉날쭉하다.

인바운드나 아웃바운드나 비슷한 업무 같기도 하고 자신에게 좋은 스킬이 있다면 양쪽에서 잘 활용할 수 있겠지만, 나는 그런 정글의 법칙에 뛰어들 의지가 없었고 인바운드에서 경력을 더 쌓기로 결정했다. 다행히 지금까지 후회는 없다. 나와 달리 혜지 씨는 아웃바운드 영업 일을 이어갔다. 대출 상담사로 시작해서 지금은 모 금융사의 정직원으로 승진했고 나름대로 만족하면서 살고 있다.

대출을 팝니다

혜지 씨의 경험처럼 마음 불편해지는 사례를 넘어서, 보통 TM 아웃바운드 영역에 머무는 대표적인 직업, 아웃바운드의 꽃이라면 역시 보험설계사와 대출상담사다. 왜 아웃바운드의 꽃이냐 묻는다면 아웃바운드하면 사람들이 가장 먼저 떠올릴 만한 대표성이 있다는 점과 더불어서 잘만 하면 꽤 많은 돈을 번다는 점 그리고 놀랄 만큼 많은 욕을 듣고 일한다는 점에서 그렇다.

그중에서 보험설계사는 특수한 면이 있다. 법적으로 보험 상담이 가능한 자격증을 취득해야만 이 일을 할 수 있다. 정말 간단한 상담조차도 자격증이 없다면 해줄 수가 없다. 심지어 TV 광고나 홈쇼핑에서 보험을 홍보하는 연예인들도 다 자격증을 따야만 광고모델을 할 수 있다는 건 아주 유명한 이야기다. 홈쇼핑 콜센터도 마찬가지다. 상담사는 무료 보험 상담 예약 접수는 가능해도 제아무리 간단한 보험 상담이라도 칼같이 거절하도록 규정되어 있다. 그러니 여기서도 보험상담사 이야기를 함부로 하는 건 곤란할 것 같다.

그렇다면 대출상담사 이야기로 넘어가보자. 대출 상담에 대해 이야기하려면 민우 씨를 소개해야 할 것 같다. 민우 씨는 어려서부터 대출 관련 콜센터에 다녔고 대부중개업체에서 프리랜서로 일하다 제2금융권의 대출 상담 콜센터로 이직하기도 했다. 다니는 동안 여러 가지 일이 있었다고 하는데 지금은 한 회사에서 승진을 거듭해 나름 그 경력으로 자기 기반을 다져가고 있다.

대출상담사는 돈을 빌리고자 하는 사람에게 대부업체를 중개해서 돈을 빌려주고 대출금액의 일정 부분을 수수료를 받는다. 고객들은 대부분 시중은행에서는 대출이 불가능하고 제2금융권의 문을 직접 두드렸을 때도 진행이 잘 되지 않는 이들이 대부분이다. 즉 자기가 원하는 만큼의 금액을 대출 받기가 어려운 경우가 많다. 심지어 아예 대출이 불가능한 상태인 경우도 많다. 이런 이들에게 대출을 내주는 거니 위험 부담도 크다. 반대로 말하면 고객 입장에서는 안 되는 대출을 받아준 거니 높은 수수료를 지불해야 한다.

그래서 민우 씨가 일하기 전, 그러니까 정말 까마득한 과거에는 지금보다 돈은 더 벌기가 쉬웠고 대신에 일은 무서웠다고 한다. 민우 씨가 일하기 한참 전의 선배들은 이런 방식을 썼다고 한다. 우선 재산 관련 증빙서류들을 보고 이 사람이 어느 정도 대출 한도가 나올지 예측한다. 전산화가 되어 있지 않은 시절에는 대출에 유리한 조건을 조금 올리고 대출에 불리한 조건은 조금 내리는 방식으로 해서 서류를 편집하기도 했다고 한다. 집이 있다면 집의 가치는 부풀리고 빚이 이미 있다면 대출 금액은 낮추는 방식으로 말이다. 이렇게 해서 제2금융권이나 대부업체에 보내 고객이 원하는 만큼의 한도를 맞춰준다. 그리고 고객에게 전화를 건다.

"제가 작업을 좀 해서 이 금액으로 고객님이 대출 받으실 수 있게 해드릴 수 있는데, 그러려면 고객님이 수수료로 몇 퍼센트를 주셔야 합니다."

이제는 이미 우리가 신용점수를 조회하는 수많은 어플을 사용하고 있듯이 금융사에서도 이런 정도는 충분히 직접 확인할 수 있기 때문에 불가능한 방식이라고 한다. 신용등급이 낮고 소득이나 자산이 없는데 대출이 가능하다면 그 안에는 고객 입장에서 훨씬 불리한 조건이 당연히 숨겨져 있다고 봐도 무방하다.

아무튼 대출상담사들은 대출상담 신청 사이트에 남겨진 고객 연락처와 이름을 확보한 상태로 고객에게 전화를 걸어 돈이 얼마나 필요한지, 어떤 용도로 필요한지, 재산이나 채무는 어느 정도 되는지, 일은 어디서 얼마나 했고 급여는 어느 정도 되는지 확인한다.

대출상담사의 싸움은 여기서부터 시작된다. 유선상으로 대화하는 정보는 다 믿을 수는 없는 노릇이기 때문이다. 앞서 말했듯이 예나 지금이나 대부중개업체를 찾는 고객들은 은행이나 제2금융권에서 대출 상담을 해보았고 거절을 많이 당해서 그쪽으로 간 케이스다. 거절당한 경험이 많은 고객들은 무엇이 불리한 요소인지 알고 있고 자신의 상황을 설명할 때 부정적인 요소를 윤색하거나 수치를 바꿔서 설명한다.

따라서 실제 대출 가능 여부를 알려면 고객의 기본 정보가 포함된 필수 서류를 받아내는 일이 중요하다. 등초본을 비롯한 신원 확인 서류를 비롯해 몇 장의 종이를 팩스로 받고 나서야 각 금융사에 이 서류를 보내서 대출 가능한 한도를 확인할 수 있다. 이렇게 확인한 한도를 가지고 고객의 니즈를 파악해서 여러 금융업체 상품 중에서 이자율이 낮은 곳을 원한다면 그쪽을 중심으로, 금액이 큰 쪽을 원한다면 그쪽 중심으로 정리하여 알려준다.

　대출이 성사되면 대부분의 고객은 대출이 된다는 것 또는 원하는 금액으로 대출이 가능하다는 것에 기뻐한다. 물론 대출이 불가능한 경우도 많다. 돈이 정말 필요해서 찾다 찾다 마침 대부중개업체 연락을 받았는데, 자기들이 알아봐준다고 해놓고서는 대출이 불가능하다고 한다? 좋은 말이 돌아올 리 없다.

　대출상담사는 거래가 성사되면 금융업체로부터 수수료를 받는다. 그러니 고객의 니즈를 맞추면서도 자기 수수료가 더 큰 상품을 골라내는 게 상담사의 능력이라면 능력이다. 그리고 여기서부터 또 일이 시작된다.

　대출이 되건 안 되건 금융사에서 직접 대출을 실행하는 상담사는 여기서 일이 끝난다. 그러나 대부중개업체에서 일하는 프리랜서, 자영업자인 대출상담사는 대출을 중개해준 고객을 잘 관리해야 한다. 금융업체에서는 대출이 실행되는 단계에서 수수료를 일부 지급하고 고객이 대출금을 몇 개월 이상 변제해야만 나머지 금액까지 지불하는 경우가 많은 탓이다.

　가령 민우 씨가 A고객에게 B사의 직장인 신용대출 상품으로 5000만 원 대출을 실행해주었다. 이 건으로 민우 씨가 수수료의 반절인 20만 원을 첫 달에 받았다면 6개월 후까지 고객이 대출금을 제때 변제해야만 나머지 수수료 반절을 준다. 그러니까 A고객이 이 기간 동안 이자율이 더 낮은 다른 대출상품으로 대환해버리는, '은행을 갈아타는' 일이 생기면 민우 씨는 나머지 반절의 수수료는 받지 못하게 된다. 고객 입장에서는 더 나은 쪽으로 간 것이지만 민우 씨에게는 영업이 허사가 되는 상황이다.

그러니 여기서 대출상담사의 일이 또 시작된다. 민우 씨는 A고객에게 꾸준히 전화를 해서 요즘 잘 지내시느냐, 별일 없으시냐, 뭐 또 필요하신 건 없으시냐 하면서 케어해야 한다. 고객 사정이 잘 풀리면 풀리는 대로 다른 데로 갈아탈까 걱정, 안 풀리면 안 풀리는 대로 대출을 갚지 못할까 걱정이 든다.

이런 과정에서 오는 스트레스가 만만치 않다고 한다. 왜 안 그렇겠는가. 사람 마음이 빚 낼 때 다르고 빚 갚을 때 다르다. 대출상담사가 전화를 하면 빚 독촉처럼 여겨지기도 할 것이다. 말했다시피 시중은행, 제2금융권에서 대출을 받기가 불가능할 때 찾는 곳이 대부중개업체이기 때문에 고객들도 몰릴 데까지 몰린 경우가 많다. 그런 고객에게 안부를 물어가면서 따박따박 돈을 잘 갚고 있는지 확인할 때 고운 말이 돌아오는 일은 별로 없다.

인바운드 상담원들은 고객이 다짜고짜 욕하는 일에 익숙하다. 그러니 가끔은 "나도 대부업 쪽에서 해보고 싶어, 그러면 내가 큰소리 낼 수도 있을 거 아냐"라고 말하는 상담원들도 있다.

이런 말을 들을 때마다 민우 씨는 속이 터진다고 했다. 대부중개업 쪽은 영업, 특히나 절박한 사람들을 상대하는 영업이기 때문에 고객과 마찰이 있어서는 절대 안 된다고 했다. 때로는 고객을 휘어잡으려고 말을 세게 해야 하는 경우는 있을지언정 이조차도 계산이 필요하다고 했다. 게다가 금융권의 시스템을 숙지한 상태에서 고객의 성향과 상황을 파악하고 그에 맞추어 대화를 이끌어가야 하니 전문적인 지식도 필요한 일이라고 했다.

그쯤 듣고 보니 욕을 많이 먹고 전화 영업의 대표적인 이미지가 있고 어쩌고 하는 심플한 이유로 대출상담사를 아웃바운드의 꽃으로 꼽았던 나는 좀 민망해지고 말았다. 누가 더 어려운 일인가, 누가 더 욕을 덜 먹는 일인가 겨루는 일이 무슨 소용이 있을까.

당신의 정보를 수집해야 인센티브를 받는답니다

"○○한 사유로 고객님의 정보 ○○를 ○○에 제공하는 것에 동의하십니까?"

단순한 문제 하나를 해결하려고 고객센터에 전화를 걸었다가 통화 말미에 이런 멘트를 들어야 할 때가 간혹 있다. 다 끝났다 싶은 통화의 말미에 함정처럼 도사리고 있는 구간이다.

비단 콜센터에 전화를 걸 때만은 아니다. 웹사이트나 앱에서 간단한 문의나 불편 사항을 처리하려고 해도 고객 정보를 입력하는 구간이 지나면 반드시 여러 개의 동의를 구하는 단계가 나타난다. 고객의 구매 정보 또는 패턴을 다른 계열사에 제공하겠다, 고객의 특정 정보를 어딘가에 제공하겠다는 찜찜한 내용을 설명하고 여기에 동의하느냐고 묻는다. 콜센터에 전화를 걸었건 사이트에서 처리를 하는 경우건 아주 특수하게 성격이 너그러운 고객이 아닌 한 대부분은 '아니오'를 선택한다.

그래서 이 내용을 설명하고서 고객이 직접 버튼을 누르도록 ARS로 연결하는 회사도 있다. 이게 다소 악랄한 시스템이다. 이런 경우 정보 제공에 동의한다는 '예'를 1번에, '아니오'를 2번에 놓는지라 내용을 잘 안 듣고 대충 1번을 누르는 고객들도 있기 때문이다. 그래서 다시 콜센터에 전화해서 아까 통화 마지막에 뭘 누르라고 해서 누르긴 눌렀는데 그게 뭐냐고 물은 후에야 내용을 파악하고는 화를 내면서 다시 거부 처리를 해달라고 하는 고객도 흔하다.

더 심한 경우도 있다. 에어컨을 설치하려고 콜센터에 설치 기사 일정을 상담하고 전화를 마치려는데 상담사가 덧붙인다.

"고객님, 더 나은 서비스를 위해서 고객님의 소중한 정보를 활용하는 데 동의하십니까? 동의를 거부하실 수 있지만 거부하실 경우 부득이하게 접수 처리가 불가함을 알려드립니다."

기껏 기다렸다가 상담을 마치고 말미에 이렇게 말하면

거부할 사람이 있을까. 아니 이런 식으로 거부가 불가한 조건을 달고 거부할 테면 거부해봐라 하는 게 맞기는 한 걸까.

안 그런 회사가 어디 있을까 싶게 콜센터는 대부분 정보를 판매하는 회사라고 봐도 무방하다. 어느 유통사에서 물건을 구매하고서 콜센터와 통화했는데 '모 계열사에 더 좋은 서비스 제공을 위해 고객님의 구매 정보를 제공하겠다'느니 하는 안내가 나온다면, 여기에 동의한다면, 며칠 후부터 무슨 통신사의 무슨 서비스를 가입하라느니, 무슨 보험에 관심이 있으시냐느니 하는 귀찮은 전화를 받아야 한다. 친절하게 상담해주는 척하면서 원하는 건 귀신같이 뽑아가는군 진절머리가 날 만도 하다.

그러니 나 같아도 이런 통화에 딱히 동의하겠다고 대답하고 싶지는 않다. 다만 나는 고객센터에 전화했을 때 이런 질문이 나오면 일단 '예'를 선택해준 후 나중에 모바일 사이트 같은 데에 접속해서 다시 거부 처리를 하는 편이다. 번거롭게 이런 일을 하는 이유는 한 가지밖에 없다. 대부분의 콜센터는 이러한 문항에서 고객이 '예'를 선택하지 않으면 통화중인 상담사에게 실점을 부여하기 때문이다.

이렇게 해서 동의를 확보한 고객의 정보는 차곡차곡 데이터베이스에 쌓인다. 그리고 이 DB는 여기저기 흩날려 각종 아웃바운드 콜센터 상담사들에게 매일매일 할당된다. 아웃바운드 상담사들은 데이터베이스에 등록된 고객 전화번호로 전화를 걸어 보험 가입이든, 서비스 가입이든 실적을 올려야 한다.

나도 카드사 콜센터에서 아웃바운드 영업을 한 적이 있다. 그때 경험을 돌이켜 생각하면 출근하면 이름과 전화번호가 빼곡히 적힌 엑셀 파일 출력물이 책상에 올려져 있다. 이게 다 어디서 왔을까 생각해보면 '예'라고 답한 고객이 그렇게나 많았나 싶다. 아니면 이런 리스트를 불법으로 거래하는 경우도 흔하니까 그런 흐름을 거쳐 내 책상까지 전달되었는지도 모른다. 아무튼 전화를 건다.

이 회사는 워낙에 데이터베이스가 많았는지라 영업에 응할 의사가 없는 고객이라면 빨리 끊고 다른 고객에게 전화를 거는 편이 나았다. 이건 회사마다 다르다. 전화번호를 많이 확보한 회사는 재차 삼차 전화를 걸라는 규정이 없는 편인데 그렇지 않은 회사라면 적은 고객을 상대로 성공률을 높여야 하니 하루에 몇 분 또는 몇 시간 간격으로 세 번 이상 걸어보라든지 하는 번거로운 내규가 있다(몇 년 전이라 지금은 프로세스가 개선되었을지도 모르겠다).

받는 입장에서 생각하면 갑자기 모르는 번호로 전화가

와서 받았는데 이런 영업 전화라면 당장 화가 나고 항의할 만한 일이다. 게다가 전화를 안 받으면 몇 시간 간격으로 다시 한다니. 모르는 번호라도 부재중 전화가 서너 통 와 있다면 무슨 일이라도 난 건가 덜컥 겁을 먹기 마련이다.

그래서 민원도 상당히 많다. 물론 이런 민원이 들어온다고 해서 누구도 진지하게 이를 처벌하지는 않는다. 왜 안 그렇겠는가. 그게 사업인 회사고 그게 일인 직원들인데. 물론 한 고객에게 스무 번 서른 번 전화를 걸어 민원을 만든 사람이라면 혼이 날 수도 있다.

이런 전화를 받으면 고객은 한마디로 찝찝하다. 내 정보가 어디를 떠돌아 다니길래 이렇게 많은 곳에서 전화가 올까. 그래서 어디서 자기 정보를 알고 전화했느냐는 항의도 상당히 많다. 상담사도 할 말은 있다.

"모 사이트에서 모 월 모 일에 저희 쪽으로 정보 전달하는 것에 동의해주셨잖아요."

그랬다고 하니 그런 것은 같은데, 고객 본인도 잘 모를 것이다. 스쳐 지나가는 온갖 영업성 멘트와 균일하게 유지되는 솔 음의 낭랑한 톤 속에서 정신도 못 차리고 대충 예, 예만 반복하는 고객들이 얼마나 많은지 아는가?(반대로 고객이 말을 쏟아부으면 상담사도 정신없이 예, 예 수긍만 할 때가 많다).

짧은 탄식을 내뱉으며 통화를 마치는 고객이 있는가 하면 동의 자체를 부정하는 경우도 많다. 그럴 땐 녹취를 들려줘야 한다. 그러나 앞에서 말했듯 콜센터 장비란 썩 좋지 않다. 게다가 상담사 이어폰으로 흘러나오는 녹취 음성을 다시 헤드셋 마이크에 대고 고객에게 들려주는 식이라 고객의 화를 돋우는 꼴이 되는 경우도 흔하다(여러분이 이런 일을 직접 겪을 때 소리가 잘 들리지 않는다면 이런 시스템임을 기억해주시길).

상담사들에게는 그날그날의 '동의 건 할당량'이 있다. 하루에 몇 건 이상 고객의 정보를 다른 곳에 전달할 수 있게끔 고객의 동의를 얻지 않으면 상담사들에게 실점이 떨어진다. 나는 그맘때 서른 건 시도해서 한 건 동의를 구한 적이 있다. 그만큼 성공률이 높지도 않다. 그럼에도 서른 번 통화를 하면서 매번 똑같은 말을 하고, 그때마다 똑같이 욕을 먹어야 한다.

예전에 이런 방식이 좀 비위 상한다며 아예 고객 정보를 다른 회사에 전달하는 데 동의하느냐는 멘트를 아예 시도하지 않은 친구가 있었다. 회사의 방침을 거부한 그녀의 절개를 높이 산다. 솔직히는 나도 그녀의 마음에 항상 공감했다. 그런 그녀가 정말 쾌녀처럼 느껴지고 좋았다.

회사에서는 그녀의 태도를 업무 비협조로 간주하고 지속적으로 압력을 넣었다. 자꾸 이런 식으로 하면 시말서를 써야 한다고 했다. 나라면 이런 건으로 시말서를 쓸 수는 없다고 한마디라도 해봤을 텐데 이 쾌녀는 그냥 시말서를 썼다. 그런 식으로 3개월을 터프하게 버텼고, 같은 건으로 시말서가 세 건 누적되면 강제 퇴사한다는 규정에 따라 회사를 떠났다.

사고를 친 것도 아니고, 그렇다고 업무에 문제가 있었던 것도 아니고, 그냥 스리슬쩍 고객의 동의를 얻어 계열사에 전달하는 것 자체가 찝찝해서 싫다는 나름의 절개 있는 거부였다. 그래도 결과는 퇴사였다.

그녀는 퇴사 조치마저 딱히 거부하지 않은 채 회사를 떠났다. 본인 과실로 퇴사하면 실업급여를 받을 수 없는 걸로 알고 있었는데 그녀는 실업급여를 받으며 몇 달 정도 자유를 누렸다고 한다. 하긴 그게 어디 이 쾌녀의 과실일까.

이런 식이다. 불합리하다는 것을 모르는 상담사는 없다. 상담사들도 솔직히 입 아프다. 기분 좋게 이런 지시에 응하지도 않는다. 그렇지만 또 시키는 일을 적당히 하지 않으면 내 급여에, 나아가 인사상 내 신상에 어떤 불이익이 올지 모른다. 사람이 사람 취급 받지 못하고 일하는 환경에서는 자기 밥줄을 움켜쥔 이들에게 지레 움츠러들게 마련이다.

그러니 나도, 고객도 원하지 않는 대화를 주고받을 때 나와 동료들은 간절히 바랐다. '제발 그냥 화만 내지 말아주세요.' 그러면서 생각했다. 나도 이런 전화를 받으면 화가 나겠지. 물론 그렇겠지. 왜 자꾸 내 정보를 다른 데다 팔겠다는 말을 하면서 허락을 해달라고 하는지 모르겠네. 그러면서도 말을 해야 하는 게 상담사들이다.

관리자가 된 후에는 상담사들이랑 터놓고 이야기하는 시간이 줄었다. 그래도 그때의 나와 같은 마음인 것을 안다. 욕만 안 먹어도 다행이라고 생각하는 것이다. 그리고 귀찮다. 쾌녀처럼 규칙을 거부하기도 귀찮고, 이 시스템에 문제를 제기해서 마케팅 정보제공 동의 자체를, 그게 아니라면 적어도 마케팅 정보제공 동의 처리 여부를 실적에 포함시키는 행위를 금하는 법을 제정해준다면 좋겠다고 늘 생각하지만 귀찮다. 누구도 나서지 않으니 그럴 기미조차 보이고, 그러니 상담사들은 이건 그저 일이다 생각하며 또 전화를 걸고 또 묻는 것이다. 간절한 마음으로.

'제발 그냥 화만 내지 말아주세요.'

'연차를 사용해줄 수 없습니다'

지연 씨는 마음이 급하다. 아침부터 둘째 아이가 갑자기 구토를 하고 어지럼증을 호소한다. 학교에 보낼 상황도 아니지만 집에 혼자 두자니 아이한테 무슨 일이 생길지 알 수도 없다. 아이가 반쯤 까무러쳐 있는데 회사에 가자니 남편도 집에 없고, 아이를 봐줄 사람도 없고, 보육서비스를 신청할 상황도 되지 않는다.

'연차를 쓸까?'

지연 씨는 1년 2개월 차에 접어든 상담사다. 그동안 연차를 한 번도 쓰지 않아서 꽤 많은 연차가 쌓여 있다. 출근 직전 시간이라 민망하지만 관리자에게 전화를 걸어 사정을 설명한다. 관리자가 확인하고서 알려주겠다고 한 후 조금 시간이 지나 다시 지연 씨에게 전화가 온다(이런 건은 관리자도 자신의 상급자인 관리실장이나 센터장에게 가능 여부를 확인해야 해서 즉답을 해주지는 못한다).

"정말 미안해요, 지연 님, 오늘은 콜이 많은 데다 근무 인원이 적어서 연차를 사용해줄 수가 없대요. 혹시 오늘 쉬는 사람이랑 근무 스케줄 맞교환은 어떠세요?"

내가 관리자로 일하면서 가장 말 같지도 않다고 생각하는 건 이것이었다. '연차를 사용해줄 수가 없다'라니? 일을 했으면 연차휴가가 생기고, 상황에 따라 자기 연차를 자기가 필요한 때에 쓸 수 있어야 한다. 지연 씨 같은 경우라면 어떻게든 쉬게끔 해주어야 한다. 가족이 아프다는데! 이런 상태로 회사에 출근해봐야 일이 손에 잡힐 리도 없다.

물론 어지간해서는 연차를 사용할 수 있다. 사정이 급한데 센터장이 안 된다고 하면 그 아래 관리자가 바닥에 누워 떼를 써서라도 쓰게 해주는 경우도 있다. 내가 실제로 그렇게 해봤고 그 후로 아따맘마의 단비 취급을 받았다. 관리자도 자기 체면 구기고 욕을 먹어가면서라도 최대한 상담원들의 연차를 보장해주려고 노력한다는 말이다. 그렇지만 상부에서 안 된다고 잘라 말하면 또 방법이 없는 것이 연차다.

반대로 안 쓰고 싶은 연차를 강제로 쓰게 하기도 한다.

딱히 콜센터만 그런 것이 아니라 아주 만연한 나쁜 관행이라고 알고 있는데 퇴사하기 전에 일부러 연차를 다 소진하게 만드는 것이다. 가령 2019년 1월 1일에 입사해서 2020년 1월 1일에 딱 1년을 채우고 퇴사하는 사람한테 일부러 퇴사일 며칠 전부터는 아예 나오지 말라고 한 후, 1월 1일까지의 남은 기간 동안 연차를 사용했다고 기재해 연차수당을 아예 지급하지 않는다(딱 노동청 고발감이고, 실제로 이런 일을 당한 상담사가 신고해서 시정 조치가 있었다).

한 가지만 했으면 좋겠는 것이다. 아예 못 쓰게 못박을 거라면 돈으로 쳐서 제대로 주든지, 돈을 안 줄 거면 써야 할 때 확실하게 쓰게 해주든지. 이도저도 아닌 회사가 한둘이 아니다.

트위터 타임라인에는 상담사들이 제법 있는데 이들이 올리는 글에는 갑자기 집에 일이 생겨서 혹은 몸이 너무 아파서 하루만 연차를 쓰게 해달라는데 그걸 안 들어준다는 불만과 하소연이 빠지지 않는다. '쓰겠다'가 아니라 '쓰게 해달라'고 말해야 한다는 데서 이미 문제가 있다.

왜 이런 식으로 법으로 보장된 연차조차 마음대로 쓰지 못하게 할까? 상황은 이렇다. 콜센터 근무라는 게 그날의 콜 상황, 예를 들어 홈쇼핑이라면 편성표에 따라 예상 인입량이 있다. 방송이 나가는 동안 고객 5만 명이 전화를 걸어 올 거라고 예상하면 이 5만 콜을 소화하기 위한 인력을 미리 짜두는 것이다. 그래서 가령 각 팀 인원의 80퍼센트는 근무를 해야 한다는 식으로 계산한다. 이 근무 비율이 정해지고 나면 거기 맞게 인원이 배치된다. 이 근무 비율을 맞춰서 상담사들도 주 단위, 월 단위로 다음 주, 다음 달 근무 일정과 휴가 일정을 잡는다. 이 비율만 유지된다면 어느 상담사가 일이 생겨 쉬겠다는 걸 억지로 막는 경우는 많지 않다.

그런데 사람 일이 어디 그런가. 근무 일정이 정해진 뒤 갑자기 아프다거나 급한 일이 생겨 못 나오는 사람이 생기면 근무비율이 무너진다. 또 개인 사정이 겹쳐서 같은 날에 많은 사람이 쉬어야 하는 경우도 있다.

한 팀에 20명이 있고 근무 비율을 80퍼센틀 맞춰야 한다고 가정하면 하루에 4명까지 쉴 수 있다. 그런데 다음 주 월요일, 투잡을 뛰는 학원 선생님인 선희 씨는 그날 꼭 쉬어야 하고, 재희 씨도 하필 그날 학부모 면담이 있어 아이 학교에 가야 한다. 수영 씨는 병원 검진 일자가 그날로 잡혀 있는데 다른 날로 예약하려면 한 달 넘게 더 기다려야 한다. 호성 씨는 지방에 사는 어머니가 위중하셔서 월요일에 당장 내려가 봐야 한다. 미영 씨는 혼자 사는데 집 배관이 터져 물난리가 났고 집 전원을 내려서 전자제품도 못 쓰고 있는데 기사가 월요일에만 방문이 가능하단다.

네 명이 쉰다는 근무 비율 기준에서 딱 한 명만 더 연차를 쓰면 된다. 그런데 그게 그럴 수가 없다. 카카오톡 사다리타기라도 해서 한 명을 빼고 네 명만 쉬도록 한다. 사다리타기에서 걸려 운 나쁘게 탈락한 사람은 꼭 연차를 써야 하는 날에는 출근하고 별 필요도 없는 날 강제로 휴무해야 한다. 근무 비율을 맞추기 위해서다.

여기까지 보면 '아, 콜센터의 근무 비율은 아주 엄정한 예측을 거쳐서 만들어진 거고, 그래서 그 비율을 안 지키면 안 되는 거구나, 정말 중요한 거구나' 생각할지도 모르겠다.

그러나 사람 일을 어떻게 알겠는가. 그날그날 근무할 인원을 정해놓고 휴가자까지 정해놓으면 안정감은 있겠으나 콜센터 일이란 워낙 예측 불허다. 근무 비율을 상회해 거의 모든 상담사가 자리를 지키고 있어도 그날 방송이 터지면 쏟아지는 콜을 감당하지 못할 수도 있다. 근무자를 짜다 보니 어느 날은 콜을 엄청 잘 받는 에이스들이 전부 출근해서 한두 명 빠져도 티도 안 나게 봇물 같은 콜을 온몸으로 받아내며 방어에 성공할 수도 있다.

콜센터의 업무생산성을 따지는 기준 중에 하나가 응답

률이다. 앞서 말했듯이 고객이 끊기 전에 전화를 받는 비율이다. 응답률은 인입호(걸려 오는 전화)를 기준으로 따진다. 즉 전화가 5만 통 걸려 왔는데 그중 몇 콜을 받았는가로 생산성을 측정한다. 업무생산성이 낮으면 본사에서 큰 호통을 듣고 돌아오기 때문에 이런 부분에 가장 예민한 사람은 센터장이다.

관리자들도 안다. 누구 한 명 더 있다고 응답률에 크게 차이가 나지 않고, 콜이 터지면 그날은 전원이 출근해도 응답률이 저조할 수밖에 없다는 것을.

그리고 응답률에는 함정이 있다. 고객이 통화를 기다리다가 전화를 끊어버리는 포기 콜이 많을수록 낮아지는 것인데 꼭 전화가 많이 몰리는 날에만 포기 콜이 많다고 볼 수도 없다. 전체 인입호가 적어도 중간에 끊은 고객이 많으면 상담사들의 역량이나 의지와 상관없이 응답률은 낮게 측정된다.

콜센터의 현실은 그래서 늘 예측 불허다. 그렇지만 본사는 콜센터의 생산성을 숫자로만 파악한다. 그러니 각자의 역량과 상관없이 상담사는 n분의 1로서 그날의 근무 비율에 맞춰 구겨 들어가주지 않으면 안 된다. 어떻게 해서라도 응답률을 높이려면 근무 비율이라도 맞춰놓고 보자는 게 관리자의 마인드가 된다. 관리자들도 이런 연차 금지 조항이 비인간적이고 불합리하다는 점은 안다. 알면 조금 노력은 해볼 만하지 않을까?

    사람이 다쳤다는데, 가족이 아프다는데, 아니 꾀병이면 또 어떤가. 나에게 법적으로 보장된 권리마저 제대로 누리지 못할 때, 몸이 아파도 내가 연차를 쓰면 누군가는 또 오늘 출근해야겠구나 하는 마음에 말도 제대로 하지 못할 때, 안 그래도 감정노동으로 시들해진 마음은 더더욱 움츠러든다.

상여금 200퍼센트의 진실

매년 연초에는 상담사들의 급여를 조정하기 위한 회의가 본사에서 열린다. 왜 본사에서 급여 조정 회의가 열리느냐 하면 상담사들의 급여 테이블은 본사에서 결정하기 때문이다. 그리고 상담사 급여는 해마다 개정되는 최저임금에 맞추어 조정된다. 최저임금을 기준으로 급여 테이블을 맞춘다는 데서 이미 좋지 않은 기운이 느껴질 것이다.

    여기서 결정한 급여에 따라 본사가 도급사에 지불하는 금액이 결정된다. 본사에서는 일종의 수수료 같은 금액도 별도로 책정해 도급사에 지급한다. 본사에서는 이 금액들도 감안해 상담사의 급여를 결정하려고 한다. 도급사는 도급사대로 상담사 각각에게 지불하는 급여가 늘었는가 줄었는가보다는 본사로부터 얻는 이익이 얼마인지를 중요하게 두고 협상에 임할 수밖에 없다. 그러니 상담사의 급여를 결정하는 중요한 회의인데 정작 상담사를 대표하는 사람은 아무도 없는 셈이다.

주로 각 센터별로 센터장이 본사로 가서 이 회의에 참석한다. 간혹 바로 밑 하급자인 센터 관리장을 회의에 대동하기도 한다. 본사에서 직접 운영하는 센터는 관리자급 직원들이 참석하기도 한다. 그렇게 나도 본사 회의에 몇 번 참석했다. 그런 결과, 본사 직원들과 급여에 대해서 말하는 시간은 악성 고객을 대하는 시간에 비해 더욱 더 질이 나쁘다고 단언할 수 있다.

보통 구인 공고에 나오는 급여라는 것은 그렇다. '이제 여기서부터 하나하나 까나가겠습니다' 하는 출발점이다. 사람에 따라, 특히 사회생활이 처음인 경우에는 보기에 꽤 화려해 보이는 숫자일지도 몰라도 거기서 이것저것 20~30만 원은 떼고 계산하는 게 알맞다. 아웃바운드라면 판매 실적에 따라 급여 자체가 천차만별이므로 아예 급여 광고는 믿지도 않는 게 좋다.

인바운드는 대강 이렇다.

우선 기본 급여+추가근무 수당. 추가근무 수당은 퇴근

직전이나 출근 시간에 콜이 밀리면 조금 미리 출근하거나 약간 늦게 퇴근하면서 더 일하고 받는 수당이다. 특근을 신청해서 받는 수당도 여기에 들어간다. 야간 근무자에게는 야간 수당이 지급되고 야간조가 심야에 퇴근하면 회사 내규에 따라 교통비도 지급된다.

다음은 식대. 하루 5천 원 정도로, 요즘 어디 가서 한 끼 사 먹기에는 모자라는 금액이다. 그래도 20일이면 10만 원이다. 결코 만만히 볼 것이 아니다.

그리고 인센티브. 성과급은 통화 품질과 통화 실적, 오처리 건수 유무, 관리자 평가 등을 합산해 상담사별로 등급을 매기고 그 등급별로 차등 지급한다. 상여금이 있다고 하는 회사들은 대개 상여금 금액이 정해진 게 아니라 인센티브를 상여금으로 취급한다. 명절에 스팸 캔 몇 개 받는 것이 상여인 회사도 있다.

요는 이렇다. 최저임금은 매년 조금씩 오른다. 시급 기준으로 계산하면 상담사들의 월급도 당연히 늘어야 한다. 즉 기본급여와 추가근무 수당이 올라간다. 야간 근무 수당은 기본 수당에 준하는 금액이니 당연히 올라간다. 이걸 잘 챙겨주는 회사도 분명히 있다. 하지만 보통은 최저임금, 그리고 그에 따른 시급이 올라도 월급 통장에 꽂히는 금액은 크게 차이가 나지 않는다.

그렇게 절대 총액을 늘리지 않는 방법을 찾고 콜센터 측에 통보하는 자리가 바로 본사 회의다. 콜센터 사람들이 눈을 부릅뜨고 있는데 그 면전에서 한푼도 더 올릴 수 없다고 고집을 부리는 본사 직원들을 본다.

2020년은 코로나19바이러스 때문에 인사 이동도 잦고 트러블도 많았다. 수해 때문에도 콜센터의 업무 난이도는 무척 높아졌다. 배송은 늘 늦고, 상품은 어디 갔는지 모르겠고, 해외에서 생산된 상품이 태풍 때문에 국내에 들어오지도 못한 채 선박 어딘가에서 꼼짝도 못하고 있는 상황이다. 고객들의 감정 상태가 좋지 않다. 이런 때일수록 악전고투하며 고객들을 방어한 상담사들을 제일 응원하기 좋은 것은 월급이다.

물론 이런 일들이 벌어지리라고는 누구도 예상하지 못했지만, 연초에 열린 회의 또한 예상하지 못한 꽤 처참한 제안으로 시작되었다. 최저시급이 올랐으니까 식대를 지급하지 않겠다는 소리가 회의석상에서 흘러 나왔다. 최저시급이 오르면 삼시 세끼 밥을 덜 먹어도 되는 건가요?

현재 콜센터들은 대부분 코로나19바이러스 때문에 휴게실을 폐쇄했다. 휴게실은 근무 중간 휴식 시간에 식사를 하는 곳으로도 쓰인다. 도시락을 싸 오거나 편의점 등에서 간단하게 끼니를 사다가 여기서 먹는다. 휴게실이 폐쇄되었으니 도시락을 싸 와도 먹을 곳이 없다. 외부에 나가서 밥을 사 먹어야 한다. 식비가 더 든다는 뜻이다. 굳이 도시락을 먹겠다면 자기 자리에서 먹으라는데, 옆자리 뒷자리에서는 콜을 받고 있는데 거기서 반찬 냄새를 풍기면서 밥을 먹기도 곤란하다. 그 와중에 하루에 5천 원 될까 하는 그 돈을 깎겠다니. 월 20일 근무하는 상담사라면 월급 10만 원 감봉과 마찬가지다.

회의는 처절했다. 무엇보다 여기서 지고 돌아가서 상담사들한테 이 사실을 알려야 하는 내 모습이 그려졌다. 여러분, 정말 기쁘게도 최저시급이 올라서 우리 기본급이 올라갔어요. 근데 올라간 만큼 식대를 깎아서 여러분이 받는 돈은 별 차이가 없어요. 3분 안에 맨주먹에 맞아 죽는 내 모습을 상상했다. 4일을 싸워 식대는 보전했다.

또 다른 복병이 기다리고 있었다. 그러면 인센티브 기준을 변경하겠다는 것이다. 콜센터는 대체로 기본급이 짜고 인센티브를 많이 받아야 총 급여가 보전되는 수준인지라 인센티브를 잘 받게 급여 체계를 만드는 게 중요하다. 그러려면 인센티브 기준도 나름 합리적이어야 한다. 안타깝게도 본사에서 제시한 기준은 제법 가혹했다.

전에는 통화 품질을 채점하고, 콜 숫자를 세어 순위를 매기고, 고객 만족도 조사 내용을 통해 상위-하위를 선정하고, 내부 규정 위반이나 오처리 유무로 감점을 하고, CS 처리 건수와 기타 영업성 분야를 각각 채점해 점수를 합산한 후 등급을 매겨 월 최대 40만 원에서 최저 1만 원 정도의 인센티브를 지급했다.

예전 우리 팀에 1만 원을 받는 사람이 있었는데, 실적 급여를 확인한 후 충격을 받아서 나에게 이 금액이 맞는지 확인을 해달라고 요청했다. 맞았다. 안 주는 것보다 주는 게 더 모욕적이라고 상담사는 말했고 나도 솔직히 공감했다.

아무튼 이전 방식은 그래도 한 항목을 망쳤어도 다른 걸 잘하면 실적 급여가 어느 정도는 나오는 구조였다. 가령 어떤 사정으로 콜을 많이 못 받았어도 통화 품질이 좋고 친절한 데다가 CS 처리 건수도 많고 오처리도 없다면, 가점이 충분히 있다. 그럼 아예 최상위는 아니어도 급여가 아주 아쉽지는 않은 수준으로 책정된다. 말하자면 과목별로 점수를 받고 그 점수의 평균을 내서 순위를 매긴다고 생각하면 쉽다.

본사에서 새로 제시한 바는 한 분야라도 80점 미만이 나오면 총점 0점으로 간주해 산출하겠다는 것이었다. 이렇게 되면 어느 하나를 망치면 답이 없다. 이걸 누가 하겠다고 할까? 다시 상상 속의 내가 맞아 죽는 모습이 보였다. 당시 센터장의 표정을 곁눈질해보니 이렇게 정해지면 상담사들에게 이 내용을 공지하고 맞아 죽는 역할은 나에게 맡길 것이 분명해 보였다. 그런 결의가 있는 옆얼굴이었다.

이 시스템을 채택하더라도 차라리 상대평가라면 다같이 망하는 와중에 약간 덜 망한 사람이 있게 마련이고 그 사람들이나마 돈을 더 받을 수 있다. 그러나 좀 더 악랄한 옵션이 따라붙었다. 절대평가를 먼저 반영하고 그 와중에 상위자가 많을 때만 상대평가를 적용하겠다는 아이디어였다.

이런 얄팍한 수를 짜낸 본사 직원도 스스로 좀 민망하지 않았을까. 이러면 누가 일을 할까? 가령 내가 어느 달에 유난히 미친 고객을 많이 만났고 나도 신경이 날카로워져서 통화할 때마다 고객과 싸웠다면 그달의 통화 품질 점수는 이미 망했음을 안다. 그럼 총점 0점이다. 0점이 확정되었다면 굳이 전화를 더 많이 받고, 욕받이무녀로서 대활약을 할 필요가 어디 있겠는가.

실제로 상담사들은 이런 실적 급여 체계에 민감하다. 전화를 많이 받고 좋은 평가를 받으면 그게 다 돈으로 연결되니 인센티브를 잘 받으려고 애쓴다. 다시 말하지만 그렇게 해야 그래도 아쉽지 않을 만큼의 돈이 된다. 그렇게 민감하기 때문에 한 달 한 달 어떤 항목이 어느 정도 점수를 받고 있는지도 늘 감을 잡고 있다. 그럼 진상 고객을 여럿 만나서 언쟁을 한두 번이라도 벌인 상담사라면 지레 포기하고 만다.

"아 이번 달 통화 품질 망했어. 이제 대충 받고 일 대충 할 거야."

이런 식으로 조금이라도 감점 사유가 생기면 인센티브를 포기해야 하는 상황이라면 "됐어 기본급만 받겠어"라고 말하며 그 말을 실천하는 상담사가 태반일 것이다. 그런 모습이 눈앞에 그려지자 이 말을 전하고 안 두들겨 맞을 자신이 없었다.

'이런 현실을 거론하며 반박하면 좀 들어주겠지?'

나의 순진한 생각과는 달리 본사 사람들이 난색을 표하며 대답한다.

"일을 안 하면 잘라야죠."

"아니, 그러면 누구를 다시 고용해요?"

"신입을 고용하시면 되죠."

"신입이 근속년수 2년 넘는 상담사들보다 전화를 잘 받고 실수를 안 할까요?"

"그거는 관리자님들이 잘 교육하시면."

이렇게 2주가 지났다. 바닥에 드러눕다시피 해본 것도 같고, 듣다가 아픈 척도 했고, 이마를 짚으면서 말했고, 그럼 오셔서 직접 전화를 받으시라고 협박도 해봤다. 그렇게 해서 본사에서도 '조금' 물러난 올해의 급여 테이블이 새로 만들어졌다.

그러나 이 내용을 센터장과 단 둘이 앉아 여러 번 복기한 후 내린 결론은 아무리 생각해도 우리가 맞아 죽을 것 같다는 것이었다. 그리고 센터장은 역시나 기대를 배신하지 않고 이 내용을 나에게 공지하라고 맡겼다.

아무도 물리적인 폭력을 행하지는 않았지만 나는 사람이 눈빛에 맞아서도 죽을 수도 있겠다는 경험은 한 것 같다. 눈빛이 얼마나들 차가워지는지. 보통은 공지를 하러 가면 왼쪽 귀로 들어간 소리가 오른쪽 귀로 흘러나가는 게 보일 만큼 무심한 표정들을 하고 있는데 이날은 퍼런 흰자를 드러내며 나를 노려보는 집단을 마주해야 했다.

매년 개정되는 사안, 그 때문에 벌어지는 다툼을 어떻게든 수습해내기 위해 관리자들도 나름 노력은 하지만 상상을 초월하는 본사와의 싸움이 쉽지 않다.

돈은 최대한 안 주려고 한다. 구인 공고에 나온 월급에서는 깎을 만큼 깎아야 당신이 받을 돈이 나온다. 그마저도 안 주고 덜 줄 창의적인 방법을 고민하는 사람들이 본사에서 일하고 있다. 누군가에게 생계 수단이고 생활비가 되는 돈을 깎을수록 능력을 인정받는 사람도 있다는 건 화가 나면서도 슬픈 일이다.

임신한 소희를 위한 배려

유통사 콜센터는 야간에도 근무조가 있는 경우가 많다. 특히 홈쇼핑이라면 방송이 송출되는 동안에는 전화 주문을 받을 상담사가 필요하기 때문에 야간에 근무하는 팀이 있기 마련이다. 야간 근무는 심야수당이 있어 근무한 시간 대비 월급은 주간 근무자보다 조금 더 높다.

    소희는 나와 같이 야간에 근무하던 친구였다. 소희는 업무에는 특이사항이 없는 친구였다. 성실하고, 고객한테 적당히 친절하고, 심한 민원성 고객이랑은 가끔 다툼도 있고, 업무상 오처리도 별로 없고, 무엇보다 근태가 아주 성실해서 결근이나 지각 따위가 단 한 번도 없었을 뿐 아니라 때에 따라 초과근무가 필요하다면 얼마든지 군말 없이 하는 친구였다. 심야수당 때문에 가장 늦은 시간대에 출근해서 새벽별을 보며 퇴근하는 친구이기도 했다.

그런 소희가 몇 년 전 강제로 주간팀으로 이적하게 됐다. 사유는 임신이었다. 임신부는 법적으로 늦은 시간에 근무하지 못하게 되어 있다는 것이 센터장의 설명이었다. 다만 노동청에서 근로 가능 여부를 별도로 판단해서 예외적으로 가능한 경우에만 야간 근무가 가능하다고는 했으나 그 뒤에 지나가는 말처럼 덧붙였다. "여지껏 되는 사람을 본 적은 없긴 해."

나는 당시 팀의 선임이었다. 팀장 바로 밑에 있는 자리로 팀장이 휴무인 날에는 내가 팀장 업무를 대신 보았다. 그날은 하필 팀장이 없었고 센터장은 나를 불러다가 소희를 주간팀으로 보내야 할 것 같다고 말했다.

그러나 임신한 소희는 심야수당에 더더욱 집착할 수밖에 없는 상황이었다. 아직 결혼하지 않은 상태였고 남자 친구가 경제력이 없어 소희가 벌어서 남자 친구와 아이를 먹여 살려야 한다고 했다.

팀장도 나도 소희도 다른 방법은 없을까 고민했지만 결국 소희는 주간팀으로 곧 옮기게 되었다. 본인이 하겠다는 의지가 있었음에도 시간 외 근무도 금지되었다. 시간 외 근무를 해서 콜을 조금이라도 더 받고 주문을 더 많이 한다면 그 역시 실적이다. 정규 근무 시간만 일한 사람에 비해 실적이 월등히 높을 수밖에 없다. 그러나 심야수당도, 시간 외 수당도 소희는 타의로 이 모든 것을 포기해야 했다.

그렇게 일하고서 받은 월급명세서를 보고 소희는 기어이 울고야 말았다. 고객과 싸웠을 때보다 몇 배는 처참하게 울었다.

우리 센터에는 '아우디'라는 모임이 있다. 아우디 타는 상담사들의 모임 아니다. 아우디를 사려고 계를 하는 모임 아니다. '아줌마들의 우정은 디질 때까지'라고 한다. 자녀가 있는 여성 상담사들 모임이다.

잠깐 다른 이야기를 하자면, 고객센터에 통화해본 이들은 잘 느낄 텐데 요즘은 남성 상담사도 꽤 된다. 여성 상담사들 연령대가 다양한 데 비해 남성 상담사들은 대체로 젊은 편이다. 왜 여성 상담사들은 연령대가 다양하고 남성 상담사들은 상대적으로 젊은 편인가? 이것은 이것대로 의미하는 바가 있을 테다. 또 여성 상담사들도 회사 내에서, 고객과 통화하면서 이런저런 트러블을 일으키지만, 남성 상담사들이 고객이나 동료 상담사들과 일으키는 트러블의 유형이나 내용에는 뚜렷한 특징이 있고 그것이 의미하는 바가 있다는 점 정도를 밝히고 넘어가고 싶다. 충분히 상상할 수 있으리라 생각한다.

아무튼, 앞으로는 어떻게 될지 모르겠지만 아직까지는 콜센터는 여성 상담사들이 압도적으로 많다. 그래서 그런지 콜센터에서 일한다는 걸 안 사람들에게서 주로 여성들이 일하는 회사에서 일하면 어떠냐는 질문은 꽤 많이 받는 편이다. 그리고 가끔은 그런 직장의 '단점'이 어떤 거냐는 질문도 받는다. '장단점이 뭐예요?'가 아니고 단점이 뭐냐고만 묻는 건 뭐가 궁금하기 때문일까.

여고의 클리셰로 자주 등장하듯 양푼이랑 고추장을 사물함에 넣어놓고 각자 가져온 밥과 반찬을 비벼 한데 먹는 장면을 상상하거나, 〈카트〉나 〈송곳〉처럼 여성 노동자가 주인공인 영화에 나오듯 열악한 노동 현실을 견디는 끈끈한 연대를 상상하거나, 궁중 암투 클리셰처럼 서로 이간질하고 뒷말하고 그런 골치 아픈 관계를 상상하거나. 현실은 그 중간 어디쯤이 아닐까.

내가 굳이 꼽는 단점이라면, 다 그렇진 않겠지만 내가 다닌 센터는 생일이 돌아온 상담사가 있을 때마다 생일 축하를 아주 집요하게들 열심히 한다는 것이고, 다같이 휴게실에 모여 롤링페이퍼를 전달하고 각자 준비해 온 음식을 전달하고 단체 사진을 찍는다는 점, 내 생일에 그렇게 다들 챙겨줬다면 나도 다른 이들 생일을 똑같이 그렇게 챙겨줘야 한다는 점 정도일까.

장점이자 단점이라면 결혼, 출산, 육아, 살림이라는 경로를 거치다 보니 그런 이야기가 잘 통하는 직장이라는 점이다. 우리 센터에서 아이와 관련해 가장 유명한 명언은 "첫째를 딸을 낳아 보니 말도 잘 듣고 괜찮아서 둘째를 가지고 또 딸을 낳았는데, 이거는 좀 이상하다"였다. 나로서는 무슨 말인지 좀체 알 수 없었지만 딸 둘을 가진 엄마 상담사들은 만장일치로 이 말에 동의했다.

해본 사람만이 아는 경험들에 서로 맞장구쳐가며 일할 수 있는 동료들이 있다는 점은 딱히 그런 사정을 드러내길 원치 않는 사람이 아니라면 아무래도 단점이기보다는 장점에 더 가까울 것 같긴 하다.

그런 사람들이라 소희를 도왔다. 다들 때 맞추어 소희에게 기저귀도 선물로 보내고 자기가 임신, 출산, 육아를 했던 경험을 토대로 뭐라도 해주려고 했다. 이런 경험은 여성이 많은 직장이기 때문에 가능한 일이었고 더더욱 소희에게는 편안함을 줬다고 한다.

　나도 팀원들 몇명과 함께 소희의 새 집에 가서 이삿짐 정리를 돕기도 했다. 소희는 사람들 눈치를 보면서도 고마워하는 게 느껴졌다. 집에서 반대한 결혼이라 가족들이 도와주러 오지 않았고, 워낙 조용한 성격이라 그런지 도움을 청할 친구도 많지 않았나 보다. 우리가 대단히 힘을 쓰는 일꾼들은 아니었지만 다들 살림을 하는 사람들이고, 뭐라도 하겠다고 와서 뭐라도 하기는 했으니 꿩 대신 닭으로라도 쓸 만은 했을 것이다.

　소희는 아기를 낳고서 출산휴가를 써서 한동안 회사에 나오지 않았다. 산후조리가 끝난 후에 회사에 복귀했고, 전에 근무했던 야간팀으로 다시 옮겨 달라고 지원했다. 그러나 야간팀에는 이미 사람이 너무 많다는 이유로 받아들여지지 않았다.

　그건 표면적인 이유였다. 산후조리가 갓 끝난 사람이 야간 근무를 하다가 탈이라도 나면 법적으로 문제가 생길까 봐 센터장이 내린 판단이었다. 밤 근무는 누구에게라도 건강에 좋지 않다는 이야기는 있으니 센터장의 결정도 이해가 가는 구석이 없지는 않았다.

　다만 더 많은 돈이 꼭 필요했던 소희에게는 불행한 소식이었다. 결국 소희는 우리 센터를 그만두고 다른 홈쇼핑 콜센터에 취직했다. 거기서는 야간팀에서 일한다고 했다. 물론 갓 출산했다고는 굳이 회사에 이야기하지 않았다고 한다. 그게 얼마나 자신에게 불리하게 작용하는지를 온몸으로 체험한 탓이리라.

여자가 많은 직장이라 상담사들끼리는 충분히 배려하면서 일을 한다. 회사마다 팀마다 사람마다 다 다른 일이니 내 경험만으로 단정하자니 조심스럽기는 하지만, 워낙 사람이 드나드는 곳이라 정 붙이기 어렵다는 점도 있지만, 적어도 같은 팀원끼리는 임신, 출산, 육아 같은 일을 겪는 사람이 있으면 배려하고자 하는 분위기 정도는 있다. 아주 사이가 나쁜 게 아닌 이상은 어떻게라도 서로 배려하려고 노력한다. 그게 상대방이 좋고 싫고를 떠나 그 정도도 해주지 못하는 쓰레기로 소문나고 싶은 사람은 없기 때문이라고 할 수도 있다. 그러나 그런 못난 사람이 되지 않으려는 마음도 소중한 거 아닌가.

소희를 동정하려고 이 글을 쓴 건 아니다. 콜센터 상담원들의 끈끈한 애정과 연대를 자랑하고 싶은 것도 아니다. 직원들끼리 상부상조하듯 돕는 것만으로는 한계가 분명하다는 점을 말하고 싶다. 본사나 관리자들이 직원을 '리스크' 그 자체로 판단하고 말면 더 일하고 더 벌어야 하는 개인의 사정쯤은 말끔하게 지워지고 만다는 점을 덧붙이고 싶다.

다행히 소희는 회사를 옮겨서도 잘 지낸다. 여전히 중간 실적의 상담사다. 그래도 관리자와 마찰이 불거진 적도 없고 여전히 업무 태도가 얌전해서 평가 자체는 높은 편이다. 인터넷 쇼핑몰에서 주문한 기저귀를 소희 집으로 배송해달라고 요청하면서 이 글을 쓴다. 동료끼리, 친구끼리는 돕지만 회사에서는 도와주지 않는 소희를 생각하면서.

코로나 시대,
위기의 상담사

"코로나바이러스 확산을 방지하기 위해 모든 상담사가 마스크를 착용하고 있어 안내하는 내용이 잘 전달되지 않을 수 있습니다. 고객님들의 양해를 부탁드립니다."

코로나19바이러스가 잠잠해지는 듯하더니 다시 기승을 부리고 있다. 어느 콜센터건 전화를 걸면 먼저 나오는 안내 멘트에 이런 내용이 추가된 지도 오래다. 안내 멘트뿐 아니다. 코로나바이러스는 콜센터 그리고 상담사들의 거의 모든 것을 바꿔놓았다.

콜센터에서 사람을 뽑을 때 예전에는 구인 광고에 '워라밸 직장' 같은 워딩이 자주 등장했다. 요즘은 구하는 인원에 비해서 구직자 수가 유난히 많아져서 그런지 그런 문구는 텔레마케팅 판매 계열, 앞서 말한 아웃바운드 영업을 하는 콜센터가 아니고서는 잘 안 쓰는 것 같다. 전에는 그나마 구인 '광고' 같더니 지금은 그저 오려면 오고 싫으면 말라는 느낌으로, 광고가 아닌 공고가 더 많이 눈에 띈다.

사람 자르는 경우는 거의 없다는 소리를 듣는 게 콜센터다. 나도 앞에서 거듭 말했듯 뽑아놓으면 어차피 알아서들 탈주하는 곳이기 때문이다. 그런 콜센터에서도 코로나19바이러스가 확산된 후로는 인원 조정이라는 허울로 멀쩡히 일 잘하던 사람들을 꽤 많이 해고했다. 힘들어도 일단 버티기만 하면 어지간해서는 안 자른다는 소리를 듣는 곳조차 이런데, 다른 업종 상황은 어떨지 걱정이 될 만큼 상담사 인원을 많이 줄였다.

신입 채용 면접에서도 웬만해서는 다 뽑고, 그러다 보니 전에는 교육 받다가 쉬는 시간에 말 없이 도망가는 사람들도 꽤 있었는데, 요즘은 면접을 보고 교육을 받는 동안 뭔가 마음에 안 든다 하는 게 눈에 뻔히 보이는데도 이의를 제기하거나 하는 일이 없다. 예전처럼 그만두는 사람도 잘 없다. 그만큼 다들 취업이 쉽지 않다는 얘기일 테다.

그래도 기어이 상담사가 그만두고 싶다는 뜻을 밝히면 상급자와 면담을 하게 되어 있다. 이럴 때 보통은 굳이 붙잡지 않는다. 그러던 팀장들도 여기서 나가도 어디 자리 잡는 것도 전보다 힘들고, 어딜 가도 업무 강도가 여기보다 나은 곳도 없으니 퇴사를 재고해보라는 말을 하게 되는 게 코로나 이후의 모습이다.

입사, 퇴사 풍경만 달라진 것은 아니다. 우선 일이 늘었다. 전 같으면 매장에 가서 물건을 샀을 사람들도 인터넷쇼핑, 홈쇼핑으로 물건을 산다. 그만큼 주문이 늘었고 주문에 따르는 문의 전화도 늘었다. 물량이 늘어난 만큼 배송 인력이 늘어난 건 아니니 배송 지연 건으로 항의하는 고객도 늘었다. 앞서 말했듯이 여러 가지 예상하지 못한 이유로 아예 언제 받을지 기약이 없는 상황도 발생했다. 대면 창구를 운영하던 공공기관 등에서는 대면 업무를 아예 중단하고 이를 모두 전화상담으로 전환하면서 콜센터의 업무량이 폭증한 곳도 있다고 한다.

무엇보다 달라진 건 코로나19바이러스가 확산된 후로 대부분의 콜센터에서 재택근무 인원을 늘리고 있다는 점이다. 몇몇 콜센터에서 확진자가 대량으로 발생한 후로는 재택근무가 더욱 확산되었다.

미진이는 재택근무를 할 생각이 없었다. 그녀는 야간 상담사여서 새벽에 퇴근하는데 지하철이 운행하지 않는 시간이라 퇴근 수당으로 1만 5천 원을 출근하는 날마다 더 받았다. 금액과 기준은 회사마다 다르지만 아무튼 미진이의 회사는 그렇다.

미진은 이 콜센터의 교통비 지급 기준에 굉장히 만족했다. 이전 회사의 교통비 산정이 우스꽝스러웠기 때문에 더욱 그랬다. 당시의 회사는 회사와 집을 직선거리로 재서는 해당 거리의 주간 택시비 요금을 교통비로 지급했다. 그렇게 3천 원 남짓한 돈을 받았다고 한다. 사실 그 직선거리란 중간에 한강이 흐르고 있고, 다리를 건너려면 한참을 돌아야 하는데도 아무튼 직선거리였다고 한다.

그렇게 하루에 1만 5천 원을 더 받는데 재택근무를 하면 교통비가 사라진다며 가능한 한 출근 근무를 고수하려고 했지만 미진이가 근무하는 센터는 전원 재택근무를 하라는 지침이 떨어졌다.

재택근무 지침을 내리면서 회사에서는 몇 월 며칠까지는 집에서 근무할 준비가 되어야 한다는 통보도 내렸다. 상담사들은 업무용 소프트웨어와 헤드셋을 각자 알아서 설치해야 했다.

"저는 인터넷 선을 어디다 꽂아야 하는지 모르는데요?"

이렇게 물은 상담사에게는 인터넷 서비스 제공 업체에

문의하라는, 콜센터다운 답변이 콜센터 상담원들에게 돌아왔다.

"저는 딸이랑 둘이 사는데 집에 컴퓨터가 한 대여서 딸이 학교 수업을 들어야 해요."

그 상담사에게는 "그럼 퇴사해야지 뭐" 하는 대답이 돌아왔을 뿐이었다. 정말 그만두겠다고 하자 본인 사정으로 퇴사하는 거라며 실업급여도 지급받지 못하게끔 해두었다. 그 모녀는 뭘로 먹고살고 있을까 다들 궁금해하면서도 몇몇을 빼면 그에게 먼저 연락을 하지 못했다. 무슨 이야기를 듣게 될지 몰라서 무섭다는 게 이유였다.

이런 상황에서 하고 싶지 않은 재택근무를 억지로 하게 된 미진이는 상황의 불합리함과 정의가 사라진 세상에 대해 분노해서는 모 직장인 앱에 '이런 미친 블랙기업 봤나요' 하며 주기적으로 글을 썼다.

재택근무를 시작하기 전까지만 해도 미진이는 그래도 다른 사람들에 비하면 자신에게는 스트레스가 적을 것이라고 생각했다. 혼자서 집안일을 해야 하는 상담사들에게는 퇴근 후 시간이라는 게 없다. 일을 하는 중에도 필요하면 집안일을 해야 한다. 양육을 하는 사람에게는 더더욱 아무것도 끝나지 않는다. 학교에 가지 않는 아이들을 돌봐야 하고, 아이들 원격수업을 관리해야 하고, 때 되면 식사도 준비해야 한다.

출근을 하면 그나마 일하다 중간에 식사 시간, 휴식 시간이라도 있었는데 대개 여성들인 상담사들은 일에서 일, 다시 일에서 다른 일, 계속 일이 이어진다. 그렇다고 전화를 놓칠 수도 없으니 하루 종일 신경이 곤두서 있다.

'자기만의 방'을 가지지 못한 사람들은 얼마나 많은지. 집에 컴퓨터는 한 대인데 써야 하는 식구가 많아 곤란하다는 상담사들은 또 얼마나 많은지.

그에 비해 미진은 부모님과 함께 살고 있었고 언니도 있었다. 자기 방 컴퓨터에 전화 연결해서 통화할 만큼 하고, 업무 끝나면 바로 뒤에 있는 침대에 누워서 휴대폰을 만지면 되겠지, 간단하게 생각했다.

그러나 그게 생각만큼 그렇게 윤활제를 바른 것처럼 매끈하게 돌아가지 않았다. 미진이 생각지 못한 것은 미진처럼 고객들도 출퇴근을 하지 않는 사람이 늘었다는 사실이었다. 요즘은 정말 재택근무를 하고 있거나 강제로 직업을 잃어서 시간이 많아진 고객이 늘었다는 게 확연히 느껴진다.

그리고 그것은 화가 난 고객들이 시간을 들여 정성껏 화를 낼 준비가 되어 있다는 뜻이다. 한 콜 한 콜이 그전에 비해 무한정 길어지고 있다. 고객들의 지구력은 대폭 상승했다. 상품 품질에 대해 항의하는 고객에게 처리 방안을 확인해서 알려준다고 하면 당장 처리하지 뭘 확인해서 나중에 알려주느냐며 더 크게 항의한다. 예전 같으면 당장 확인하라는 고객도 당장은 어렵다는 말을 여러 번 반복하면 별수 없어서 전화를 끊어주었는데 말이다. 말 그대로 대면도 대화도 하지 않는 사람들의 유일한 소통 창구로 콜센터 상담사들이 존재하는 것 같다는 체감이 들 정도다.

그리고 그 유일한 소통이 분노를 드러내고 사죄를 받는 방식으로 이루어지는, 일종의 레저 같다는 점에서 미진이는 소름이 돋는다고 했다. 나도 고객들이 대화를 하는 게 아니라 말 그대로 어떤 레저 행위를 하는 것 같다고 느낀 것이, 말을 하면 그 말을 듣지 않고 대화를 이어갈 생각은 하지 않고 매뉴얼처럼 진상 멘트를 자꾸 읊는 고객이 정말 늘었다. 어디서 보고 외운 것 같은 불통이 반복되었다.

미진은 그럴 때마다 집에 있는 털인형을 어루만지면서 조금씩 마음을 가라앉히고는 모니터에 콜센터 전산을 띄우고 동시에 〈해리포터와 불의 잔〉 영화를 음소거 상태로 틀어놓은 채 세드릭 디고리의 얼굴을 보며 위안을 얻었다고 했다.

그렇게 마음을 다스리고 통화를 잘 끝냈으면 좋았겠지만 복병은 있었다. 딸을 사랑하는 어머니가 일하고 있는 미진의 방에 조용히 들어와 침대에 앉아서는 왜 우리 귀한 딸이 자꾸 전화기에 대고 미안하다 하는지 유심히 듣고 있는다는 점이 문제였다.

어느 날은 통화하는 걸 듣다가 화가 난 어머니께서 자꾸 "야 바꿔봐. 엄마가 얘기할게"라고 말씀하시는 바람에 통화 내용에 어머님 목소리가 들어가지 않게 하려고 미진이는 음소거를 하고, 고객은 소리가 안 들리니까 전화를 끊은 거냐 대거리를 하고… 아주 정신이 없었단다.

이런 날도 있었다. 미진은 원래 오전 9시에서 오후 6시까지 근무한다. 코로나19바이러스로 늘어난 배송 지연 건은 고객에게 걸려 온 통화로 안내를 마무리할 수 있는 일은 드물어졌고 대부분은 택배사와 기사, 판매업체에 전화를 여러 번 돌려야 한다. 원체 매끄럽지 않은 과정이다. 그런데 이날은 일이 술술 풀리고 고객들도 미진에게 화를 내지 않았다. 그래서 모처럼 '한 7시까지는 이대로 전화를 받아볼까' 하고 의자 위에 무릎을 끌어안고 앉아서 티셔츠 안에 양 다리를 집어넣고는 느긋하게 티셔츠 늘리기를 하면서 나긋나긋 전화를 받고 있었다고 한다.

문제는 이때 발생했다. 미진이 일을 끝낸 시간일 거라고 생각한 미진의 언니가 방문을 탕 열고 나타나서는 우렁차게 소리를 질렀다.

"야! 이미진! 하루 종일 컴퓨터만 붙잡고 있지 말고 마트 가서 시장 좀 봐! 집에 파가 없어!"

볼륨이 컸다. 언니가 국악 전공이라고 했던가. 헤드셋 안에서는 영원과도 같은 침묵이 흐르더니 이윽고 고객의 조언이 들려왔다. "… 파를 사셔야 할 거 같은데…."

미진은 불편을 드려 죄송하다고 더듬거리면서 사과했고 미진의 언니는 그제서야 "앗 미안" 산뜻한 한마디를 남기고는 문을 쾅 닫고 나갔다. 이 일은 미진에게 들은 게 아니고, 나중에 랜덤으로 이 콜을 청취한 파트장이 콜 환경 관리를 못해서 소음이 콜에 녹음되었다며 나를 혼내면서 들려줘서 알게 됐다.

그래도 미진이의 에피소드들은 본인도 그렇고 웃으며 넘길 일이기는 하다. 그러나 재택근무가 도입된 후로 콜센터 상담사들의 일과는 녹록하지가 않다. 거듭 말하지만 일터와 집이 분리되지 않을 때 상담사들은 난처하다. 분명 좋은 점도 있겠지만 어떤 점은 피로가 누적되는 요소가 된다. 집에서 어쩔 수 없이 발생하는 생활 소음도 회사와 고객들이 감안해주면 좋을 텐데, 그마저도 고객에게는 화를 돋우는 포인트, 회사에는 감점, 결국 상담원들의 인센티브에 영향을 미치는 요인이 된다.

더욱이 재택근무가 확산되고 일반화되면서 콜센터 상담사들은 파견직이 아니라 아예 프리랜서 형태로 고용될지도 모른다는 불안감이 팽배하다. 재택근무로 전환할 때는 코로나바이러스 확산세가 워낙 심각하니 일단 큰불은 피하고 보자는 심산이었을 테다. 그렇게 해도 어찌저찌 콜센터가 돌아간다는 건 확인했으니 회사에서는 재택근무를 기본으로 생각할 법도 하다.

그러나 코로나 시대 이후의 재택근무 환경을 다시 고민할 필요가 있다는 생각을 한다. 어떤 상담사가 오늘 개별 면담을 신청해서 화상으로 면담을 했다. 재택근무로 전환되면서 회사에 안 가니까 몸은 편하고 좋은데 회사의 존재감 자체가 희미해졌다고 했다. 콜이 조금이라도 적은 날이면 이러다 인원 감축이라도 하는 게 아닐까 싶어서 불안해진다고도 했다. 비단 콜센터만의 문제는 아닐 것이다.

나도 요즘은 가끔 교육할 일이 있거나 할 때 한 달에 한두 번 센터에 간다. 그럴 때마다 장비 같은 게 싹 정리되어 있는 텅 빈 공간이 눈에 들어오면 나조차도 불안해지기는 한다. 코로나바이러스 사태가 끝나기 전까지는 이 불안함이 떠나지 않을 것이다.

아, 한 가지, 미진이 이 글에 추가해달라고 한 내용이 있다. 센터에 출근해서 일할 때는 하루 종일 마스크를 쓰고 통화를 해야 했는데 재택근무를 하고서는 적어도 마스크 안에 침 홍수가 나는 사태는 이제 더 이상 없어서, 그거 하나는 좋단다.

선영이가 다시 콜센터로 돌아온 이유

선영이는 퇴사했다. 1년 3개월 동안 정말 거지 같았다고 생각한 콜센터를 드디어 떠났다. 다시는 이딴 일은 하지 않을 거라고, 선영이는 퇴사하면서 같이 일하는 언니들에게 말했다.

"저 절대로 콜센터는 다시 안 올래요. 네, 저 경력 없어요. 괜찮아요. 식당 가서 접시 닦을 거예요. 짬뽕 가게 가서 홍합 다듬을 거라고요. 아니면 새우잡이 배 탈게요. 새우 많이 잡을게요. 정말 싫어. 다시는 전화 안 받아…. 언니, 그거 알아요? 저 이제 제 핸드폰으로 오는 전화도 잘 안 받아요. 핸드폰 진동 울리는 소리만 들어도 노이로제 걸릴 거 같아요. 070 번호는 아예 차단했죠."

퇴사하기 전 마지막 근무 날, 선영이는 기념 삼아 회사 사이트에서도 탈퇴한다. 욕받이무녀로서 업무가 끝나고, 선영이는 한 달 가까이 쉬는 건지 자는 건지 먹는 건지 모를 정도로 원초적인 시간을 보냈다. 급여가 나오고 다음 달에 퇴직금이 나와서 짧게 일본 여행도 다녀왔다고 했다. 그리고 슬슬 모아놓은 돈이 간당간당하게 바닥을 보이기 시작할 즈음, 선영이는 알바 구인구직 사이트를 둘러본다.

정말 콜센터에는 다시 가기 싫다. 그런데 눈이 가는 공고는 대부분 콜센터다. 선영이가 대학을 졸업하고 1년 이상 근속한 직장이 콜센터만은 아니다. 그전에는 중소기업 사무실에서 경리로도 일했고, 법률사무소에서 사무보조도 했었다고 했다. 다만 그런 일은 나중에 경력으로 인정받기가 어렵다. 경력을 인정해주는 곳이 있다 해도 소규모 회사, 달리 말하면 월급이 밀리는 일이 곧잘 생기고 그나마 기본급도 보장이 되지 않는 곳이다. 거기다 일주일에 5일 출근하면 될 줄 알았더니 필요하면 2일 정도 더 출근해달라는 소리도 한다.

경력단절 여성. 선영이는 서른 중반이다. 대학을 나오고 이런저런 일들을 했지만 일을 쉬고 결혼을 하고 다시 취업을 하자니 자신에게 붙은 딱지가 경력단절 여성이었다. 뭐가 단절되었다는 거지? 무슨 업무인지 다 기억하고 투입만 되면 무조건 잘할 자신이 있는데?

이런 식이니 같은 학력을 가지고도 계속 일을 해온 사람들과는 연봉 차이가 아니라 직업 선택의 폭 자체가 달랐다. 남자 동기들과 여자 동기들 사이에 연봉 차이가 난다는 건 알고 있었지만, 결혼하고 출산하느라 2년 정도 일을 쉬었다고 경력단절 여성이 되어서 할 줄 아는 일도 못하는 신입으로 간주당한다는 것이 믿기지 않았다.

그런 상황에서 어쩌다 콜센터 문을 두드렸고, 역시나 쉽게 채용되었다. 그때는 감사한 기분이었다. 이미 이력서를 넣은 대부분의 회사에서 줄줄이 떨어졌기 때문에 자존감이 떨어질 데까지 떨어진 상황이었기 때문이다.

그러니 이런 구직 과정을 다시 반복할 자신이 없다. 이 과정에서 소모될 시간과 체력 그리고 감정을 감당하기가 쉽지 않을 것 같다. 한 번 겪어본 바로 잠시 쉬었다는 이유만으로 취업의 벽이 드높게 서 있는데, 이 기분을 다시 겪어가면서 새로운 것에 도전하는 것이 무섭다.

물론 그런 것을 해내는 사람들이 간혹 있다. 콜센터 다니면서 시험 보고 자격증 따고 뭔가 다른 업종에 도전하는, 쿨하고 부지런한 사람들을 나도 몇 번 본 적이 있다. 하지만 상담사들 대부분은 하루하루 업무를 소화하고 집에 가면 지쳐서 밥 먹고 누워서 쉬다가 잠들기 일쑤다. 뭐든 취미라도 남아 있다면 대단히 건실한 사람이다.

하루 종일 남의 욕을 듣고 사람을 달래가면서 앉아 있는 것은 생각보다 체력이 무척 소진되는 일이다. 그리고 무엇보다 마음이 깎여나가는 일이다. 쉽게 우울해지고 쉽게 무기력해진다. 이 과정을 전부 견딜 수 있는 강한 사람이 있기는 하지만 그런 사람의 숫자는 극도로 적다. 선영이는 물론 그런 사람이 아니다.

그러니 조금만 일을 쉬어도 취업의 허들이 극도로 높아지는 대부분의 여성 구직자들에게 웬만해서는 취직이 안 되기가 어려운 콜센터라는 곳은 이미 구리다는 것을 알면서도 매력적인 직장이다.

사람은 눈앞의 스트레스에 약하다. 취업하는 과정에서 얼마나 고생해야 하는지 상상하다 보면 그냥 원서 넣자마자 들어갈 수 있어 보이고, 급여도 어쨌든 밀리지 않고 꾸준히 제 날짜에 나올 것으로 예상되는 회사가 그냥 제일 속이 편하다.

들어가는 과정에 많은 시간과 돈을 투자해야 하는 새로운 업종에 도전한다는 건 유난히 강한 사람이기도 해야 하지만, 때로는 그만큼의 돈을 가진 사람에게만 가능한 일이기도 하다. 학원을 다니든 스스로 공부하든 새로운 삶을 모색하기로 결심했다 쳐도 그러는 동안 생활비는 무슨 수로 충당한단 말인가. 돈을 모아놓기는커녕 그달 그달 받는 돈도 빠져 나갈 곳이 곳곳에 도사리고 있어서 늘 무일푼에 가까운 상태로 사는 사람은 생각보다 많다. 이들에게는 새로운 도전이란 상상 가능한 영역의 일이 아니다.

그리고 요즘 콜센터에 신입으로 취업하는 20대, 30대 여성들은 무일푼인 것만으로는 모자라 학자금 대출 같은 빚까지 진 상태로, 마이너스인 상태로 콜센터에 들어오는 경우가 허다하다.

콜센터를 떠난 사람들은 놀 때는 확실하게 놀거나 시체놀이를 하듯이 침대와 물아일체가 되는 상태를 지나 구인 공고를 뒤진다. 사람 성향에 따라 다르기는 해도 대부분 다른 업종 퇴사자에 비해 최대한 더 놀고서 일자리를 찾아보려는 마음을 품는다. 그만큼 정서적으로 소모가 심한 일을 했기 때문에 보상 심리도 있을 것이다. '내가 그 고생을 하면서 일했는데 조금만 더 쉬면 안 되나….' 나도 그랬고, 친구는 닮는다더니 내 주변 사람들도 대체로 그랬다.

아무튼 그렇게 최대한 바닥에 눌러 붙어 있다가 일어나서 구인 공고를 뒤지게 될 즈음이면 돈이 필요하다는 생각에 마음이 쫓긴다. 이 와중에 취직이 안 되어 고생하고 마음으로 삽질하는 과정을 견딜 자신이 없으면 거의 다시 콜센터로 돌아온다. 선영이 역시도 그랬다.

1년 365일 안정적으로 콜센터 구인 공고를 볼 수가 있는 건 이런 사정 때문이다. 원서를 넣으면 답변도 빠르다. 원서 제출은커녕 이름과 나이와 거주 지역만 문자로 보내면 답장을 주는 경우도 있다. 말했듯이 면접도 신속하다. 한 번에 여러 명이 들어가서 형식적인 질문과 답변을 반복하고 집에 들어오면 된다. 심하게 꾸밀 필요도 없고, 깨끗하게만 하고 가서 묻는 말에만 대답하면 된다.

이러니 취업 과정에서 얻는 스트레스로만 보면 콜센터는 월등하게 쾌적한 곳이다. 그 후의 모든 것이 구릴 뿐이다. 돈이 급하고, 마음이 깎일 대로 깎이고, 어디에서도 그 경력을 인정해주지 않는 선영이는 결국에는 다시 콜센터의 문을 두드린다. 다만 이번에는, 올해는, 이번 달은, 전보다는 나아진 환경에서 일할 수 있기를 바랄 뿐이다.

믿을 수 없게 시끄럽고
참을 수 없게 억지스러운

콜센터 상담 노동 이야기

1판 1쇄 발행 2021년 8월 2일

지은이	콜센터상담원
편집	이정규
디자인	이지선

발행처	코난북스
발행인	이정규
출판등록	2013년 9월 12일 (제2013-000275호)
주소	서울 마포구 모래내로1길 20 304호
전화	070-7620-0369
팩스	0505-330-1020
이메일	conanpress@gmail.com
홈페이지	conanbooks.com

ISBN 979-11-88605-21-7 03810
정가 14,000원

ⓒ 콜센터상담원, 2021

이 책은 저작권법에 의하여 보호를 받는 저작물입니다.
무단 전재와 복제를 금합니다.